“子育ち”頭の体操

大久保幸一
画・山内大童

春陽堂

プロローグ

この本は、クイズの本です。雑学の本です。でも、根底には、子育ち への思いをそっとちりばめてあります。子どもたちの顔を思い浮かべながら、じっくり答えを考えてみて下さい。問題によっては、子どもたちをまじえて、家族でワイワイいいながら、問題を解いてほしいとも思います。おうちの方と先生の共通の話題に取り上げてもらってもいいかもしれません。

僕は、なが年小学校の教員をしてきました。その間、最も魅力を感じたことの一つが、子どもたちに問いかけることでした。子どもたちが、一つの問いに対して、悩み葛藤します。話し合い、時には対立もします。大人である僕の発想をはるかに越えて深い学びにたどりつくこともよくありました。

この本では、そうした経験をもとに、まず問いかけがあります。次に解答。そして子育ちへのメッセージやエピソードや蘊蓄（ちなみに）をお届けします。

問いは、具体的でかつ子育ちへの励みにつながるように心がけました。どうぞ、問題を楽しみながら、子育ちへの元気を引き出して下さい。

では早速、練習問題に入りましょう。

なぜこの本では、子育てではなく、
“子育ち”という言葉を使うのでしょうか？

まずは、母の日に寄せた、富山県北日本新聞のコラムを読んでみて下さい。子育ちという言葉を心に深く刻んだきっかけとなったのが、この文章でした。

「子育て―。イヤな言葉だ。聞くだけでぞっとする」小説『橋のない川』で知られる住井すゑさんは、子どもが自ら育つ力を信じ「子育ち」を持論にした。（『いのちは育つ』）▶病弱な夫と４人の子を抱えながら、農民や児童に心を寄せた作品を発表し、人間の平等を訴え続けた気骨の人は言う。「子どもという名の新しい生命は、生命体の必然として自ら育つのであって、けっして周囲の思わくや計算や努力で育てられるたちのものではない」

当の子どもたちの目に母はどう映っていたか。新聞記者や随筆家として活躍した娘の増田れい子さんは、「母のすること、その手の下からは何かいつもいいもの、面白いものが出てくる、まるで手品師のようだ」とつづっている。(『母　住井すゑ』)▶手品師に見えたのは農作業や煮炊き、編み物といった日々の家事だ。懸命に生きる姿が無言のうちに伝わり、きょうだいは誰に言われるともなしに家の仕事を分担していた▶きょうは「母の日」。悩みを一人で抱え込んでしまうママも少なくない。時には肩の力を抜き、子どもが自ら育つ力を信じてみてはどうだろうか。

心に強く残った理由は、はっきりしています。

僕は、これまでにも「子育て」という言葉を盛んに使ってきました。「子育てと自然」「子育てと絵本」「ディズニーランドから学んだ子育て」などのタイトルでよく講演をしたり、通信を出したりしてきました。

僕は大人たちが、教えすぎるということにも、注意を呼びかけてきたつもりでした。また親や教師は、子どもやその育ちに対し謙虚で、学ぶ姿勢を大切にしたいと訴えてきました。

にもかかわらず、子育てという言葉を連発してきたことを戒めてくれた文章だったからです。

「子育て、子育て……」と肩に力が入ってしまうことに気をつけながら、この本を書き進めたいと考えています。

ちょっと素敵な「**問題へのチャレンジ**」を願っています。

2012年　初夏　**大久保幸一**

目次

カバー・挿画 ◉ 山内大童

第1章

自然と遊びの宝箱

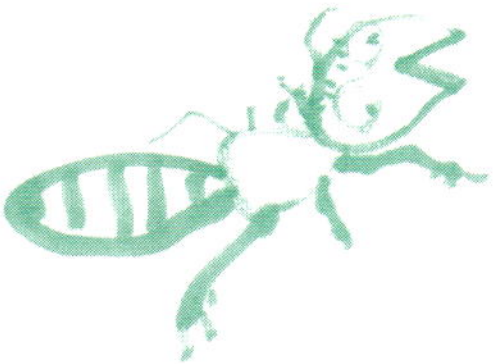

Question 01

キリンの角は何本でしょうか。

ゴリラのしっぽはどのような形でしたか。
虎の耳はどんな模様でしょうか。

Answer 01

キリンの角は4本。

ゴリラのしっぽは、ありません。
虎の耳の模様は、目玉のような形。

メッセージ

見ているようで見ていないものなのです。大人は、よく子どもたちに「よく見なさい」と口にします。しかし、よく見るようにするためには、見るための手がかりが必要です。このクイズはそうしたヒントとなることを願っての問題です。

ただし、もう一つ子育ちの上で考えたいことは、出題者が思い込んだりしているかもしれない点です。事実キリンの角は、諸説あるようです。

真実は、自分の目で確かめるという姿勢を、みんなで持ち合いたいのです。もし近々動物園へ行くようなことがあったら是非子どもたちと確認して下さい。また様々なクイズを作りながら、回ってみると、動物の見え方が変わってくるかもしれません。

ちなみに

キリンの角ですが、２本の角が頭のてっぺんあたりにあります。そして、額のあたりにこぶのような角が一つ。さらに後頭部あたりにもこぶが一つ。計４本なんです。

ゴリラにしっぽは、ありません。人間と一緒です。

虎の耳の模様、実は、目玉のような形をしているのです。黒い毛のなかに白い毛が目の形に、はえています。けっして縞模様ではないのです。かなり多くの猫科の大型獣の耳の模様が目玉のようになっています。

夜空の星はチカチカまたたいていますか。

Answer 02

またたいている星と、またたいていない星が、あるのです。

ちなみに

まず、またたいていない星ですが、地球の兄弟の星、惑星です。
(太陽から近い順に、水星、金星、地球、火星、木星、土星、天王星、海王星) これらの星は、地球に大変近い星で、太陽の光が反射して明るく見えるのです。月と同じです。ですから、チカチカまたたいてはいません。ただし、肉眼で見えるのは、金星、火星、木星、土星の4つぐらいでしょうか。

ですから、肉眼で見える残りのほとんどの星がまたたいているのです。そして、そのすべてが恒星です。つまり、自らが燃えて光をはなっている**いわば「太陽」**なのです。多くの星たちから何光年もの時を経て光が届きます。そのため、宇宙空間で光の屈折のようなことが起こるため、チカチカまたたいて見えるのだそうです。

これまた、よく見るための手がかりにしてほしいクイズでした。

メッセージ

しかし、何より、親子で、家族で…夜の星空（もちろん月も含めて）をながめながら、散歩してほしいなと願います。春夏秋はもちろんの事、冬の晴れた日の夜空は、よく澄んで、星空の美しさを大いに楽しめます。

なお、いつも決まった時刻に決まった場所で見る（定点観測）も大事ですが、あくまで親子、家族で散歩を楽しむということを優先にしたいですね。

でも、現実にはなかなかそうした時間がとれなくなっています。どうしたらいいのか、大人社会のゆとりの無さが、子育ちに大きな影を落としていることに、目を向けることも忘れたくないですね。

Question 03

ザリガニの小さな足の先っぽは どんな形でしょうか。

Answer 03

大きなハサミに近い4本は、先が小さなハサミになっています。

メッセージ

ザリガニには、大きなハサミの他に小さな足が左右それぞれ4本ずつ、計8本あります。口に近い4本はハサミに、残りの4本は、かぎになっているのです。大きなハサミで、獲物を捕らえ、小さなハサミでその餌を口に運びます。その間、かぎ爪を使って水底に体を固定するのだそうです。

保育園や幼稚園でザリガニの絵を描かせて、掲示されているのをよく見ます。ほとんどの絵が少しちがうのです。

幼児にはかなり難しいのですが、このクイズのような問いかけをしてやれば、年長さんにもなれば実にしっかり観察するのです。

是非、親子・家族でザリガニつりの経験やちょっと観察する機会があるといいですね。ザリガニつりですが、棒きれの先に糸を結び、糸の先にスルメをつける、ただそれだけでOK。ため池やどぶ川へ。場所によっては入れ食い状態になります。

夏の初め（梅雨明け前）に鳴くセミは、何ゼミですか

Answer 04

ニイニイゼミです。

（一部の地域では春ゼミやチッチゼミが先に鳴くようです）

メッセージ

6月の中下旬ごろのことです。毎年必ず、授業中突然、「あっ。静かにしてごらん。何か虫の声が聞こえる」と子どもたちに語りかけ、聞き耳をたてるポーズをしてみます。子どもたちも口を閉じ、**教室に独特な静寂**が走ります。たいがいの場合、「セミや」とだれかがつぶやきます。僕は、すかさず「何ゼミか分かる?」と問いかけます。一番多い答えは、ミンミンゼミ。

実は、6月に鳴き声を聞くのは、ニイニイゼミなのです。僕は、教員生活を奈良県の平野部の学校で過ごしました。地域によるちがいはあるとはいえ、ミンミンゼミは6月には鳴きません。それに、ミンミンゼミは平野部ではほとんど見かけることができません。少し山間の木立の多い所で、澄んだ「ミーンミーンミン」という高い鳴き声を聞くことができるのです。どうも、漫画や映画などで描かれる夏のシーンの定番が、ミンミンゼミで、それによる刷り込みがあるように思えてなりません。

ちなみに

梅雨の明ける頃、アブラゼミやクマゼミが「ジャージャー」「シャーシャー」と鳴き出します。8月の中旬、ニイニイゼミと入れ替わるようにツクツクボウシの鳴き声が夏の終わりを告げてくれます。なお、「カナカナカナ」と鳴くヒグラシもミンミンゼミと同時期に鳴き、山間部に多いようです。

親子が、鳴き声をたよりに樹木の周りをうろうろきょろきょろ。**微笑ましい光景**です。こうした光景もしだいに少なくなっています。なお、メスのセミは鳴きませんから、目をこらして見つけたものです。

東京世田谷生まれ武蔵野育ちの僕ですが、僕の少年期には、東京にはクマゼミはいませんでした。しかし、近年東京にもクマゼミが大発生。やはり温暖化のせいでしょうか。

Question 05

○○○は遊びではない。

どんな言葉が入りますか。
○一つに一文字です。

Answer 05

ずばり、ゲームです。

エピソード

黒板に「○○○は、遊びではない」と書いて授業を始めます。子どもたちは、○○○にあてはまる言葉を自由に言うのですが、答えにはなかなかたどりつきません。途中で「カタカナで三文字」というようなヒントを出しても、まだ分かりません。「最後の文字はム」と黒板に書くと、やっとゲームという答えに行き着きます。この場合のゲームというのは、コンピューターゲームに代表される映像型のものだと確認します。

多くの子が、「えー」とか「なんで、ゲームは遊びじゃないの」とつぶやきます。僕は保健室から借りてきた、カラー版の壁新聞を黒板に貼り付けます。そこにはゲーム脳という大きな文字と、脳をスキャンして撮影した二枚の写真が表示されています。

一枚は、脳全体が赤やオレンジに染まっています。遊んだり、スポーツをしたり、集中して勉強している時の脳と説明されています。

もう一枚は、脳全体が灰色におおわれ、一部は青みがかっています。ゲームをしている時の脳、すなわちゲーム脳と書いてあります。硬直化し、ほとんど働いていない状態を表しています。それを元に、どれほどゲームには問題点が多いのかということを、子どもたちと考え合いました。

ちなみに

夏休みに入ってすぐのことでした。新聞のコラムに、こんな記事が載っていました。

> ゲームはグリム童話の「ハーメルンの笛吹き男」のようなもの。大勢の子らが吸い寄せられるようについて行き、そのまま消えてしまった。子ども時代の遊びや運動は、生命力に磨きをかける生涯の財産。だが、現代の笛たるゲームなどが、そうした遊びかどうかは疑問符がつく。笛の音にいっぺん耳をふさいでみる。そんな夏休みであってもいい。

大いに共感しました。

Question 06

読書の好きな子に育つために何より大事なことは、どんなことでしょうか

Answer 06

あくまで「遊びとして読書を考える」ことです。

メッセージ

まずは、本の読み聞かせが大事であることは、よく言われていることです。

次に考えなければならないことは、どのように自分で読めるようになるかという問題です。僕は学校現場でも、よく読み聞かせをしました。そして、読み聞かせした作品を教室のロッカーの上などに表紙が見えるように置いておきました。(面展示と言います。本屋さんで売りたい新刊本などを表紙が見えるように置いてありますよね。あれは、平積《ひらづ》みと言います)

また、読み聞かせの途中で「つづきはまた明日」などといって、これまたさりげなく、子どもたちの手に取りやすい所におきました。休み時間に子どもたちが先を争って、その本を手にする姿がありました。これは学年に関係なく起こることでした。

ですから読み聞かせを重ねながら、一方で自然と**自分でも読もうとする環境**を整えることが大事だと気がついたのでした。

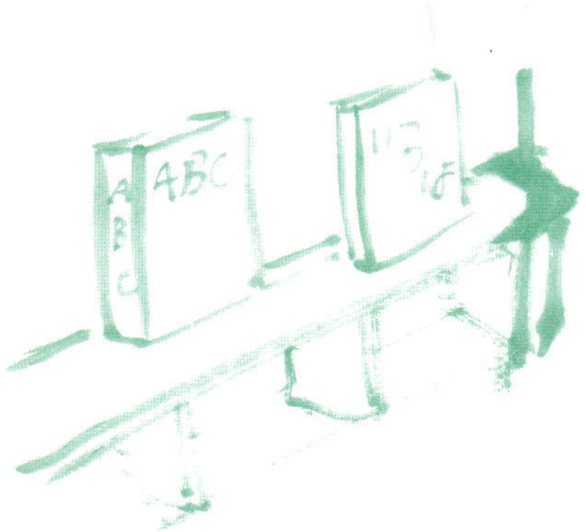

そして、何より大事なこと。それは、大人の打算で読書をすすめないという事です。たしかに、読書は、国語力をつける上で、重要な要素です。しかし、語彙を増やすとか、読解や試験のためにとか、大人が思うと、逆効果になりかねません。

読書は遊びです。趣味です。余暇を豊かにすごす、人間だけにあたえられた至福の時間です。加えて、自分でどんどん本が読めるようになっても、小学校中学年ぐらいまでは、読み聞かせを時々、続けた方がいいように思います。親子のふれあいとしても欠かせないひとときです。

何をどのように読むのがいいかということについては、第2章で考えたいと思います。

僕には、高校生の時に読み聞かせをしてもらったという奇妙な経験があります。倫理社会の先生でしたが、授業の初めの10分ほど、小説を読んでくれたのです。不思議なことに、読んでもらった小説をすぐ書店で買い求めて、読書に没頭したのを覚えています。高校生と言えども、読み聞かせが読書への誘いとなることを体験的に知っていたのです。

500円、100円……1円 それぞれの硬貨、磁石につくのはどれですか？

Answer 07

すべての硬貨が磁石にはつきません。

エピソード

どういう訳か、教科書にこの問題・実験は出てきません。子どもたちとこうした問題を考えた時は、すぐには実験をしません。まずは、**予想を自由に**言い合い「本当にその予想でいい?」と念を押し、実験をします。

それもなかなか取りかからず、「500円からやってみるで。さあって磁石にはつくかな? つかないかな? あっ、やっぱり1円からするな。さあって1円玉は果たして磁石につくでしょうか?」などと言いながら、磁石をずいぶんと離れた位置から硬貨に近づけます。硬貨にかなり接近したところで、またまた「予想は変えないでいい?」などと子どもたちの顔を見回します。

子どもたちはじれてきて、「早く実験してよ」とせかします。それでもまだすぐには、実験をしません。中には怒り出す子もいます。僕は、おもむろに「ジャジャジャン」などと言いながら、1円玉に磁石をくっつけ上下させます。

1円玉は磁石にはつきません。子どもたちから、「やったあ」とか「エー」とかどよめきが起こります。僕は「1円玉は磁石につかないんだね。予想があった人は手を挙げて」と促します。「では、5円玉はどうか? いや、やっぱり500円を先にしようかな?」と、さらに子どもたちの知的好奇心をくすぐるのです。それから、個々に自由に磁石の実験を始めます。

ちなみに

硬貨はすべて電気を通します。
金属の性質は三つ。

①電気を通す
②磨くと光沢が出る
③伸ばすことができる

磁石につくのは、鉄の仲間です。金属と鉄をごっちゃにしがちです。硬貨はすべて鉄ではない金属ですから、電気は通しますが磁石にはつかないのです。これらのことは小学校４年生までには理解しておく内容です。

ある研修会での出来事でした。多くの先生がこれらの問題に答えられなかったのです。現代は科学文明の時代といわれます。しかしながら、人はなかなか科学的に物をとらえられないことを、この問題は教えてくれています。

ぜんじろう先生の科学教室がテレビなどでも大人気。ホームページには、英語、中国語のコーナーもあるのです。遊び心満載だからこそ、感動と満面の笑顔に包まれるのでしょうね。

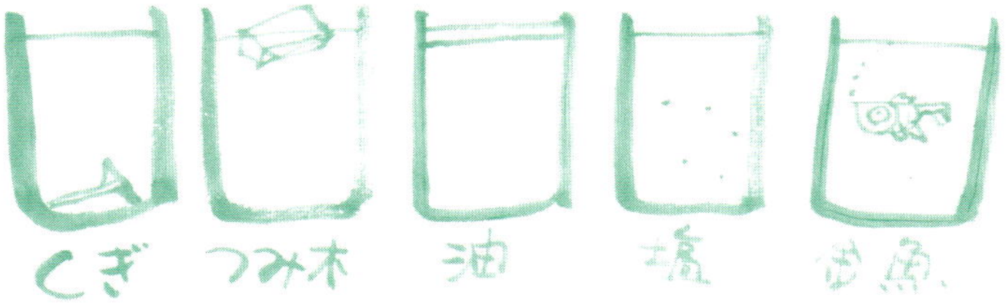
くぎ
つみ木
油
塩
金魚

ビーカーを5つ。それぞれ水を入れ500グラムに。
そこへ50グラムの鉄くぎ、積み木、油、塩、金魚を入れて重さを量ります。
くぎは、ビーカーの底に沈みます。
積み木は、2割ほどは水の上、8割ほどが水中に。
油は水と分離して、水の上にあります。
塩はすべて溶けています。
金魚は水のなかほどをせわしなく泳いでいます。

さあ、それぞれ、何グラム。

Answer 08

すべて550グラムなのです。

エピソード

子どもたちは、「ものの溶け方と重さ」を五年生で少し勉強します。その時応用としてこの問題を出すと、答えは様々に分かれます。

例えば塩などは、500 グラムより軽いという答えも必ず出てきます。海で泳いだ経験から、「普通の水より浮きやすい。だから 500 グラムより軽い」というのです。「塩は溶けて、見えなくなっているので、重さが無くなる」と考える子もあります。あるいは、水の中ではものは軽くなる（浮力が働く）ことを知っていて、「くぎなども 50 グラムよりは軽くなる、だから、500 グラムと 550 グラムの間」という答えも多くの賛同を得るのです。

あるいは、「つみきの水面より上の部分の重さはないのではないか」とか、「金魚は水の真ん中を泳いでいるので重さはなくなる」といった意見も当然出るのです。意見が対立し、激しい論議が起きて、実験への興味が高まることが大事だと思います。

実験すると、すべて550グラム。子どもたちはびっくり仰天。重さの加法性という大変基本的な問題です。必ず様々な意見を出し尽くた上で、おもむろに、実験をすることが重要です。子どもたちの歓声が教室いっぱいに響き渡ります。自然への探求心は、こんな風に伸びるのだなと実感したものです。

高い遊びです。

例▼ブランコ、すべり台、鬼ごっこ、かくれんぼ、鉄棒、うんてい、たこあげ、各種スポーツ

〈4〉社会性を育てるための集団遊び

ルールや協力や競争を必要とする遊びです。

例▼おままごとも含むごっこ遊び、仲間遊び（陣取り、石けり、缶けり、探偵どろぼう）、集団スポーツ（ドッジボール、三角ベース、キックベース）

若者のコミュニケーションの低下が指摘されていますが、こうした遊びの不足にも原因があるのかもしれません。

〈5〉知的好奇心や能力を伸ばすための遊び

例▼トランプ、五目並べ、将棋、碁、ボードゲーム、読書、磁石遊び、電池遊び 迷路遊び（運筆の練習に文字をなぞるドリルなどをよく見かけますが、それよりは根気や集中力もつく迷路遊びをオススメします。筆圧も自然と身につき空間認識の基礎も養われます）

遊びには、豊かな遊びと、そうではない遊びがあると思います。豊かな遊びとは、その中で多くの学習・成長が期待できる遊びです。言い換えれば、**1**〜**5**にお示しした条件を同時にいくつも充たしてくれるタイプの遊びです。

逆に、そうでない遊びとは、こうした条件を少ししか充たさない、学習がわずかしか成立しない遊びです。テレビ視聴などは、その代表格かもしれません。さらに僕は「ゲームは遊びではない」と言い切る程に、ゲームの弊害は計り知れないと思っています。

なお、いずれの遊びにしても、それが大人からの「課題」として与えられるのではなく、自発的であることが、遊びの大前提となっているということは、言うまでもありません。

ちょっと素敵な**「感動・笑顔・好奇心」**のために。

◉遊びの宝箱

遊びは、大きく分けて5つあると考えています。

〈1〉情緒を安定させる遊び

自然物にふれたり、感覚的満足を味わったり、表現活動をともない、緊張をほぐしてくれる遊びです。

例▼おんぶ、だっこ、たかいたかい、水遊び、どろ遊び、砂遊び、絵を描く、楽器あそび、植物をつむ、動物の世話、土や草の上を素足で歩く・走る、木に登る・飛び降りる

さらには、子どもの能力を越え、劣等感をもたらすような出来事に対し、癒しとなる遊びも忘れてならないと思います。

例▼ミニチュアの世界を創ることができるもの、ブロック、つみき、ミニチュア自動車・列車、人形、家、家具、動物（現実から少し離れ、空想の世界での遊びが想像力を伸ばし、ストレスを取り除いてくれるのです）

ちなみに、不登校対応の方法として昔からある、箱庭遊び、サンドプレーなどもこの要素の強い遊びと言えます。

〈2〉集中力や持続力を育む遊び

形を自由に変えることのできるような素材を使っての遊びです。想像力を駆使し、自由に展開ができるのが特徴です。

例▼土、水、つみき、粘土、折り紙、ゴムひも、毛糸、ブロック、板、竹ひご、廃材などを使っての遊び、けん玉やコマ回し、シャボン玉、なども。

〈3〉じょうぶな体づくりのための遊び

大きく筋肉をフルに使用して、汗だくになって動き回る活動性の

第2章

ことばで遊ぶ、ことばで拓く

ある規則で漢字が並んでいます。次に来る漢字は何でしょう。

①春↓胸↓焼↓泉↓？

②愛↓青↓秋↓石↓茨↓？

昔なつかしい「ある・なし」クイズです。あるのははたして何？

しかはあって、うしはない。いかはあって、たこはないと対応させながら考えてみて下さい。

③ある……しか、いか、いも、体育、中央、関西

ない……うし、たこ、まめ、運動、端っこ、関東

Answer 09

① 木偏のつく漢字です。

それぞれの漢字には、日・月・火と曜日が隠れています。

② 岩です。

都道県名を５０音順に並べると、愛知、青森、秋田となり、
茨城の次は岩手となるので、その頭文字岩が答えとなります。

③ 大学です。

歯科大学、医科大学、大学いも・・関西大学はありますが、
関東大学はないのですね。

メッセージ

規則性・法則性・相違性などを見つける言葉遊びも、子育ちには欠かせないものです。このような問題は、次から次へとヒントが出しやすいという特徴もあります。知的好奇心をくすぐり、持続力が増します。友だちや家族の会話も豊かになります。

なぞなぞやまちがいさがしの本は、ずいぶんとたくさん手元にありました。学級お楽しみ会や遠足のバスの中などでもよく活用しました。

「ウォーリーをさがせ」「ミッケ」「時の迷路」などのシリーズも集中力を磨き、言葉を引き出してくれるものだと思います。大人も一緒に楽しめるのもいいですね。

加えて、マジックネタもたくさんあるとたいへんに役立ちます。トランプの手品、百均にあるマジック、さらには少しこって、マジックショップへ。タネを見やぶるよう少しずつヒントを出すと子どもたちは大いに食らいついてきます。長旅、テーマパークの待ち時間、病院の待合室……ちょっとネタの用意があるといいかもしれませんね。

ディズニーランドなどで、アトラクションの長蛇の列。子どもたちがせわしなくゲームをしている姿が増えています。夢と魔法の王国にはそぐわない、もっと家族の会話を楽しめないものかと、少し心を痛めるのですが、そんなことを考えるのは、僕だけなのでしょうか。

米あらう前に ほたるの二つ三つ

米あらう前を ほたるの二つ三つ

米あらう前へ ほたるの二つ三つ

井戸の前で お米をといでいます。 夏の夕暮れ、 涼風とともに

ほたるが一番いきいきとした感じがするのはどれ?

Answer　10

米あらう前＜を＞ほたるの二つ三つ

メッセージ

なぜでしょう。実にかすかなちがいのようです。しかし、よく読んでみるとずいぶんとニュアンスがちがうのです。ほたるが飛び交う様を想像してみて下さい。葉っぱにでも止まっていない限りはよく動いています。動きが豊かに表現されているのはどれでしょう。

まず前＜に＞では、目の前にいるのだけれど、じっとしたイメージになるのです。例えば、「いす **に** すわっている」という文だと動きはほとんど感じられず、固定した表現になりますね。

つづけて、前＜へ＞は、すーと向こうからこっちへやってくるイメージですが、これまた目の前で止まった感じになります。「運動場 **へ** 集まりなさい」となると、ここからは移動して運動場へ出たら並ぶあるいはじっと集合していなさいというニュアンスになります。

ところが、前＜を＞となると、じっとしたイメージではなく動き回る表現になるのです。「体育館の中 **を** 子どもたちが……」となると、まるで静止はしていない。それどころか、動き回り、やかましささえも伝わってきます。

たった一文字の助詞のちがいで、全体のイメージが変わるのです。

日本語の微妙さと奥深さを考えさせられる問題でした。何度も音読をしてみて下さい。

戦争中の出来事の話
「ちいちゃんのかげおくり」「一つの花」「ほたるの墓」、
主人公はちいちゃん、ゆみ子、節子です。

作者はなぜ、こうした名前をつけたのでしょう。
そしてお父さんやお母さんの名前がありません。
なぜでしょう。

Answer 11

できるだけイメージのわかない名前をつけているのです。

メッセージ

さて、主人公や登場人物のネーミングなのですが、作者は考えに考え抜くのでしょうね。

スイミー、ごんぎつね、大造じいさんとガン……。スイミーでなくては、あの早さ、賢さ、シャープさはイメージしにくいでしょう。ごんぎつねは、こんぎつねではこまります。ごんという響きから、やんちゃさ、いたずらもの、をイメージさせる。しかし、読み進むと、寂しがり屋で、人好きで、素直に反省をするにくめないやつ、それがごんというネーミングに込められています。大造じいさん、幸一じいさんと黒板に並べて書きます。比べてどう感じがちがうか問います。大造の方が、たくましい、強い、昔の人のよう、頑固な感じ、名人みたい、幸一では軽い……と言ったイメージを子どもたちは題名からだけでも浮かべるのです。

ところが、戦争中の物語の主人公たちは、**ネーミングが全く逆**のようです。わざとイメージがわかない名前にしているのです。

それはなぜか？　戦争でひどいめにあったのは特別な人々ではありません。ごく平凡でどこにでもいるちいちゃん、普通にけなげに生きているゆみ子、すごい才能に恵まれたわけではないが、ひたむきに生活をしていた節子……そうした子どもたちがあんなむごい経験を強いられたのです。

お父さん、お母さんにしてもそうなのです。特別なお父さんやお母さんではない、町のどこにでもいるお父さんやお母さんなのです。名前をつけないことで、一般化するわけです。読み手はいつの間にか自分と重ねながら読み進むことになるのです。

Question 12

日記や作文を書く時、題は、先に書きますか、後に書きますか。

Answer 12

題は、先に付けても、後につけても いいのです。しかし…

メッセージ

一応まずは、仮の題はつけるといいですね。しかし、題を一度つけると、つけっぱなしということが大変多いようです。題についてよく考えたり、悩んだり、つけ直したりということが実は大事なのです。題はつけっぱなしではなく、変わることがあるのだということをしっかり身につけたいのです。

4年　○○　○○
この前みんなで大阪へばあちゃんちにいったよ。西大寺でジュースをかって、ばあちゃんがよろこんで、海ゆうかんへいってふねにのって、ゆうがたすし食べて、にいゃんがふろはいってそしてねました。

お示ししたような、題のない日記も増えているようです。また、この日記のように題のつけようがないものも多いように思います。出来事を並べ立てただけの書きたいことのはっきりしない文章です。コラムのような特別な場合を除いて、日記や作文には題がいるのだということを確認しておきたいと思います。

そして、題がはっきりとつけられるように、書きたいことを一つにしぼることが大事です。僕は、子どもたちに「題のない日記は玄関や入り口の無いおうちといっしょやで」とよく話をしたものです。

ただし、題がなかなか決まらずに、先に文章を書いた方が書きやすいというような場合もあります。そんな時は、後から題をつけることも問題はありません。

漢字の苦手な子が増えています。何かいい方法はありますか?

Answer 13

①たった10個の部分品でできている

メッセージ

①実は漢字というのは、**たった10個の部分品**でできています。たて、よこ、ななめ、かぎ、ななめかぎ、てん、く、手かぎ（手の字の最後の一画の部分等）、つりばり（例えば礼のつくりの部分等）、あひる（乙）の10個です。

例外として、しんにょう、考の最後一画などはありますが、それらを除けば10個のパーツの組み合わせで、漢字は説明できます。まず、10個の部分品をしっかりと覚えてほしいと思います。そして、いろいろな漢字について、どんな部分品が隠れているか見つけてほしいと思います。

まず、漢字は難しい、という決めつけをぬぐい去ることです。

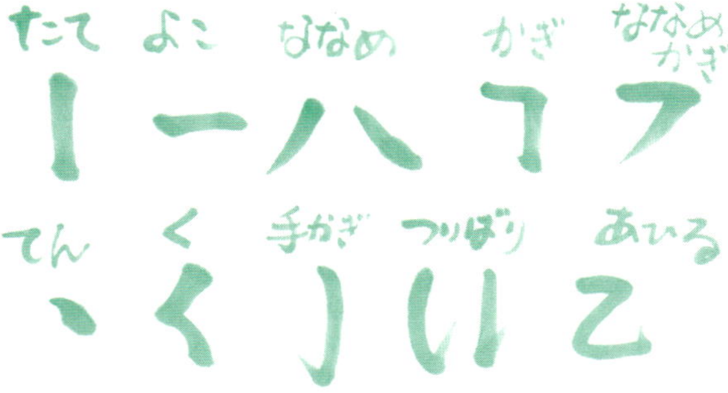

②意味や成り立ちを

②多くの漢字には、**一文字一文字意味や成り立ち**があります。

例えば、「祭」という漢字。大きく祭の字を書く。「祭りという字は、月、又、示三つの部分からできてるね。さてそれぞれ何を表してるかな」

「月は？」「お月様」「残念、違うのです。ヒントね。胸、腹、腰、…月は月でも…」「肉月」「そうよく知っていたね」肉という字を書き少しずつ変形させて、月の字に。
「又は」……沈黙。「実は、手で持つことなんだよ」「えーー」「手で、お肉をもってどうするだろう」

「じゃ示は、何を表しているんだろうね。形を良く見て。
「何かの台」「ナイス」「その台は、何を表していると思う」「ヒントな。示へんのつく漢字どんな字がある」「社」「福」「神」「礼」「祝」「どの字も何と関係がありますか」「神様」「素晴らしい」「実は、示すと言うのは、神様に何かをささげるための台で、神を表します」

「だから、祭りは、肉を手でもって、神様にささげる事だったんだね。たぶん、牧畜がさかんだった中国の北の方で、生まれた漢字でしょうね」

Answer 13

③同類の字はまとめて

③同じ部首を持つ漢字、同じような使い方をする漢字は、学年を超えて、機会あるごとに触れておくことが望ましいと考えます。

秋という漢字を習うとします。のぎへんはイネを表しています。和、「イネを口にする（おなかがいっぱいなる）と心が平和になるんだね」利、「イネを刀（刂・・りっとうは刀という意味）で刈り取ると、利益がでるんだね」などと学ぶわけです。

不という字を習うとします。当然意味や使い方を学びます。不安、不幸、不運……、「ふ」と読むだけではではなく、「ぶ」と読む熟語もきっちんと押さえます。不作法、不用心……。そして、無、未、非などについても、下にくる漢字を打ち消すものとして、触れておくのです。

ただし、この時に、無理に覚える必要はありません。機会ごとに印象づけるわけです。

④他の教科の中でも
⑤よくイメージできるように

④漢字は、国語の時間だけに身につけるものではありません。二等辺三角形、帯分数、二酸化炭素、光合成、分布、生産量……一度だけノートに書くだけではなく、「5回書きましょう」といった具合に、算数や理科、社会などの時間にも、漢字をマスターしていくことが、**一石二鳥**です。

これは、音読にもいえることです。国語の本だけではなく、他の教科書等の音読も是非取り入れて下さい。

⑤**4年生頃**から、抽象的な漢字や熟語が急に増えてきます。よくかみくだいて、イメージできるように、使い方を知るといいですね。また、反対の意味を表す漢字や熟語を同時に学ぶことが、有効です。

例えば、降下などという熟語がでてきます。降は、ふると読むことを確認します。そして意味としては、①高い所から下へ行く　②その後　③乗り物から出る　ということを押さえます。①の使い方の例としては、降雨、降水量…　②の例では、以降…　③の例は乗降客…　反対の意味の熟語は、上昇。急降下と急上昇なども同時に学んだらいいですね。

ただ、この場合でも、子どもが自ら考え調べ反復するという姿勢を、尊重したいですね。

被爆体験の皆さんが、口《くち》をそろえて言うのです。

あの時の〇〇〇が伝えられないですよ。

〇〇〇にはどんな言葉が入るでしょうか。

Answer 14

「におい」

この問題は、文章表現などとも深く関わってもいますので、ここで考え合いたいと思います。

メッセージ

修学旅行などで、ヒロシマやナガサキに子どもたちと行きます。語り部さんたちが、よく「あの時のにおいが伝えられないですよね」とおっしゃる。

そらそうやな、においは表現できないもんやと考えてしまう自分がありました。子どもたちには、日記やつづり方を**書くときには「五感を使って」**とよく言っていたくせに。

そんな自分に目を開かせてくれたのが山崎豊子氏の『沈まぬ太陽』でした。この小説は、日本航空内部の権力闘争と安全神話の崩壊を描いた全五巻の壮大な作品です。

特に、においの問題について強く考えさせられたのが、第三巻・御巣鷹山編でした。日航のジャンボジェット機が群馬県御巣鷹山に墜落した前後の日航内部のどろどろとした人間模様と、被害者の悲痛な叫び、事故調査の困難さを事実に基づいてみごとに描き出しています。

事件は8月12日に起こっています。520名の死者。山道も作られていない、山頂で起きた事故は、救出を過酷なものにしたようです。機体の爆発により飛び散る肉片、シートベルトで半分にちぎてた遺体、夏の酷暑は死体を腐らせていきます。機体や燃料の燃えたにおいが腐臭と混じり合うのです。想像を絶する世界です。

しかし元新聞記者であった山崎豊子氏の表現は凄まじいものを感じます。作品の一節を引用します。

御巣鷹山の事故現場から、一週間ぶりに東京・霞が関の事故調査委員会に戻って来た藤波調査官は、帰宅途中の地下鉄の中で、睡魔に引きずり込まれ、こくりこくりとしていた。眠りながらも、自分の周りの乗客の様子がどこかおかしいことに、薄々、気付いていた。じろじろ見られている気配を感じるかと思えば、近くの乗客が席をたつ気配も感じる。いつの間にか、両隣の席は空いていた。この一週間、事故現場で残骸調査、資料作成、報道陣へのレクチャーと、休む間もない忙しさで、疲労困憊していたから、周囲が気になりながらも、何故だろうと考える気力がなかった。

「何だよ。このもの凄い臭い——、死体でもあるのかよぉ」

乗り込んで来た酔客が、呂律のまわらぬ口調で、気味悪げに云った。死体という一言で、藤波は目が醒めた。自分の体によほど強烈な死臭がしみ込んでしまっているらしく、霞が関の調査委員会の部屋に入った時も、「藤波さん、臭いますよ」と、何人もの職員に云われたのだった。現地の宿舎である上野村保健所の四階の和室には、十二、三人の調査官と事務官が雑魚寝しているが、臭いと思ったことも、云われたこともなかったから、皆、嗅覚が麻痺してしまっていたのだろう。

乗り替え駅の新宿で下車すると、藤波は地下通路のなるべく端を歩いて、小田急線に向かった。

においにまつわる徹底した取材が、この編にはあふれています。おそらく、「においについて、何か経験された出来事はありませんか？」という風に、取材を重ねたのではないでしょうか。においは表現できない、そんなことは決してないことを思い知らされたのでした。プロの作家さんというのは、常に五感を研ぎ澄まして、取材をしているのだとよく分かったことでした。

Question 15

日記や感想文の書き方について、懇談で話を聞いたり、通信などを読んだことがありますか。

Answer 15

おそらく多くの方が、「いいえ」とお考えのはずです。それはなぜでしょう？

メッセージ

まず、日記の書き方についてですが、基本的なことに確信が持てなくなっているように感じるのです。また、子どもたちが何回でも読みたくなるような児童作品がとても少なくなって来ています。日記の基本を、おもいきり乱暴にまとめると、

1） ある日ある時ある所での、
　　一つの出来事をしっかりと選ぶ
2） 順序よく思い出して、
　　しばらくは過去形でつづる
3） 題は必ず書く
4） 必要な説明を少しずつ入れる

ということになります。簡単なはずですのに、あまりにも様々な指導の項目や情報があるため、先生方が戸惑っているようです。

＜3,14＞を＜3＞で教えていいというような文科省からの通達が問題になりましたが、そうした「ぶれ」が国語の分野にもずいぶんたくさんあるようです。

感想文というのは、作文の中でも最も難しいものです。強く心に残った出来事で、したり、見たり、聞いたりしたことでも、中々よく思い出して書けないのです。

読んだ本の場面場面で、思ったり考えたり感じたことを振り返って書く。それも作品の大筋が分かるように書く。その様なことがすべての子どもたちができるようになるのでしょうか。たいへん難しい。ですから、昔から、つづり方教育を進めてきた教師たちは、安易に感想文を書かさなかったのです。また教科書に感想文の書かせ方という教材はほとんどありません。にもかかわらず、夏休みなどに感想文の募集などがよく行われるのです。実に不思議なことなのです。

なお、つづり方指導については DVD「文章力が授業を変える」（株式会社 RealStyle）を参照いただく機会があれば幸甚です。

Question 16

読み聞かせには〝あるかたより〟があるようです。どんなことだと思いますか。

Answer 16

物語にかたよりがちで、説明文の量が少ない。そして、つづり方（児童が書いた作文）の読み聞かせがほとんどないということです。

メッセージ

物語は将来文学につながる大切なものであることはまちがいありません。しかし説明文も、子どもたちにはたいへん大事なものです。

ところが読み聞かせの場面で、科学・地理・歴史等説明的なものの量が足りないと思うのです。物語は面白いが、説明文は面白くないのでしょうか。いいえそんなことは決してありません。優れた説明文も、子どもたちの心をつかんで離しません。テレビ番組でも、ドラマも面白いものもありますし、ドキュメンタリーでも実に感動的で忘れ得ぬものもあったり、クイズ仕立てで見せるドキュメンタリー番組など、高い視聴率を取っているものもあるわけです。また、子どもたちの個性によって、物語を好む子もいれば、社会・生物・スポーツ読み物が好きだという子もいるわけです。

まずは、本のジャンルを広げることをお勧めします。しかし、できるだけ安価なものはさけ、作者のはっきりしたものをあたえたいと思います。漫画チックな絵や写真が目を引くヒーロー・ヒロインもの、乗り物や動物ものの……安価なものは実に安易な言葉を並べ、仕上げたものが多いと感じます。言葉には、力がいります。本物には、説得力があります。また、絵のデザインや色使いなどにも、心を配れたらと思います。

さて、かたよりといった問題で、一番大きな問題点は、つづり方（児童が書いた作文）の読み聞かせが本当に少ない、いえ皆無といってもいいほどに少ない点です。同じ年頃の児童や生徒がつづった、鑑賞に足る優れたつづり方は実に魅力的です。

子どもたちが「また読んでまた読んで」とせがんだものの多くはつづり方であったのです。就学前の子どもたちにも是非、つづり方を読み聞かせてほしいと願っています。この本には〈子どもたちの季節〉と題して児童作品を載せています。どうぞ、ゆっくりとお読み下さい。読み聞かせにも使ってみて下さい。

読み聞かせを、もうちょっと魅力的なひとときにするには?

Answer 17

場面設定が、ポイントです。

メッセージ

寝るまぎわ布団の中で、電車に乗った時……歯医者さんの待合室で……公園のベンチで、キャンプ場のテントの中で……森の中で、海辺で、草原で……お風呂の中で……。様々な空間に優しさを添えたいと思います。

読み聞かせだけではありません。会話の場としても重要です。くつろぎの場所としても。茶の間でおかしを食べながら、寝転んで……ひざの上にのせながら、子守歌とセットで……。ぬいぐるみやペットと共に……図書館でたくさんの絵本に囲まれた中で……。電気を消しキャンドルを灯して……作品の雰囲気に合わせて喜怒哀楽を少しつけて……会話文だけは、子どもが読んだり……説明的読み物は、感情の起伏を押さえて……といった工夫の余地がいっぱいあります。だから、大人にとっても良い時間となると思うのです。

子どもを体内に授かる。神秘的で、喜びに満ちあふれた瞬間です。母親は、成長を実感しながら、自らの健康に最大の注意をはらいます。父親もぎこちなくそれを支えようと心を砕きます。祖父母や友人の助言などを聞きながら、出産後の準備がはじまります。物と心の準備が同時に進行します。育児書などに目を通します。おなかの中で動く我が子に笑顔がこぼれます。心穏やかにと言い聞かせます。そして生まれる以前から子どもたちには愛情と言葉が届けられるのです。多くの場合は……。

読み聞かせは、0才から有効だと言われてきました。実はそれ以前に、もうスタートがきられていることをご存じだ思います。現代社会の騒がしさが、なかなかそんなたおやかさを子どもたちに届けにくくしているかもしれません。しかし、だからこそ、にこやかに、様々なスキンシップを織り交ぜ、温もりのある、言葉や絵を子どもたちに届けたいのです。

「愛の表現がつまった瞬間」です。

第3章

五感実感、第六感？

Question 18

男性がインポテンツになった時に、まず行われる治療はどんなことでしょうか。

Answer 18

鼻の治療です。

メッセージ

においに対する感覚を呼び覚ますのだそうです。動物的ですが、オスメスへの嗅ぐ感覚です。男女の性の営みは、一面では生の象徴ですし、健康で気に満ちたもののはずです。

しかし、セックスレスの若夫婦が増え、性的不能な若者が増えているとの報道を耳にします。そこで気がかりなのが、ストレス社会の異常さです。

それからもう一つだけ考えてみたいのが、芳香剤や消臭剤の大ブームと朝シャンなのです。不自然で画一的な「イイにおい」の世界に麻痺してしまうことが気になります。生命のみなぎりが弱められてしまう結果になっているようです。性教育の課題として子どもたちとも一緒に考えたい問題かもしれません。

本来、人が好ましいと感じるにおいは、生命の躍動を励ましてくれるものなのではないでしょうか。とどろく海のにおい。深い森のかぐわしさ。食欲をそそる……。逆に、不快に感じるのは、病や死、衰退や絶滅につながるものなのかもしれません。本能的な危機管理の能力です。ゴミや糞尿、ものの腐敗……。もちろん、個々の経験や感覚によって、差異はあるはずです。いずれにしても、嗅ぎ、感じ、考えることを大事にしたいですね。

○○○は白い悪魔。

○○○に当てはまる食材とは？

Answer 19

さとうです。

ちなみに

虫歯になりやすい、太りやすいなどはだれでも知っていることです。でも問題はそれだけではありません。

大きな問題が指摘されているのが、ビタミンやミネラルを消耗させるということです。特にビタミンB1の浪費には、警鐘を鳴らす学者も多いようです。
ビタミンB1は、脳神経のはたらきを調整する大事な役割を持っています。ビタミンB1の不足が、イライラや「キレる」ことの原因の一つになっていると言われています。

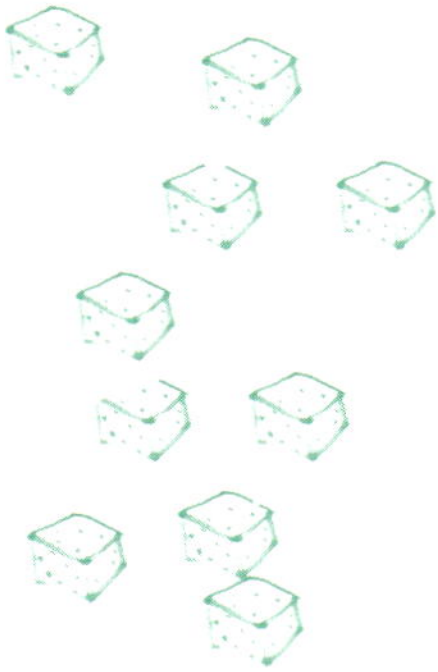

さらには、骨や筋肉にも大きな弊害となるようです。

また、糖尿病の遠因となっていることもまちがいないところです。最近は若い人の人工透析が多くなったといいます。その多くが「糖尿病性腎症患者」。年間3万人の新たな患者が生まれ、その半数は死亡するそうです。『暮らしの赤信号』の著者、山田博士さんは、清涼飲料水を「糖尿呼び水」と呼ぶそうです。

さらに怖いのは、砂糖は白血球が細菌を飲み込む力を半減させるということ。それで抵抗力がなくなって、病気しやすくなるわけです。ですから、人を廃人にしてしまう白い悪魔と呼ぶ人もたくさんいるのです。覚醒剤やコカインと並列してそう呼ぶのです。恐ろしい話ですね。

なお、ペットボトル350mlの炭酸飲料には、ティースプーン10杯の砂糖が使用されています。

食の問題点を端的に浮き彫りにしたことば、

《コ食》

コに当てはまる漢字をいくつあげられますか。

Answer 20

個、孤、己、子、固、粉、

メッセージ

『個』→それぞれが別々のものを食べることへの注意がこめられています。同じ食卓にいてもバラバラのものを食べていると、**家族の絆**がそこなわれるなどの問題につながります。

『孤』『己』→１人で食べること。楽しいひとときであるべき食事の時間が、**孤独感や寂しさ、自己中心へ**と変化しているようです。

『子』→子どもだけで食べることを意味します。子どもだけだと、どうしても好き嫌いが増え、**偏った食事**になってしまいます。朝食にドーナッツとコーラなどという例も多くなっています。糖分の摂りすぎも怖いですね。

『固』→**固定食**の固です。同じ様なものを食べ続けることで、栄養のバランスが崩れるだけでなく、肥満や生活習慣病を引き起こしかねません。固いものはいいですのにね。

『粉』→パンや麺など、粉からつくられるものばかり食べること。食の欧米化が進み、米の消費量は年々減少しています。やわらかいものばかり食べ続けると、**噛む力**が弱くなってしまいます。

濃、小、戸、五…
などがあります。

『濃』→外食などに多くみられる**濃い味付け**のものばかり食べること。塩分の過剰摂取の問題だけではなく、濃くなければ味を感じない、味覚障害を引き起こす原因になっています。

『小』→食事の量が少ないこと。ダイエットのために食事の量を減らしている子が増えています。**栄養が足りず無気力**になってしまい、特に成長期の子どもの発育に影響を与えます。

『戸』→戸外つまり外食が増えているという問題です。食事を作ることが、すなわち**愛情の表現**になっていることが忘れられようとしています。

『五』→朝昼晩の食事に加え、おやつ、そして夜食の五つです。**夜型の生活**が増え、夜食にラーメンや丼、理想とされる「早寝、早起き、朝ご飯」の全く反対のことが行われています。

これまた見過ごせない大問題ですね。

子どもたちと外へ遊びに出る時
確かめておくといいことがあります。
いくつか考えてみて下さい。

Answer 21

気温、方向、距離、季節。

メッセージ

まず、出発前の気温を知っておくといいですね。温度計を使わずに、±2度の予測ができるようになると、皮膚感覚がかなり鋭くなっているといわれています。まずは、温度計を使わずに体感で予想します。そして温度計で。

次に、行く場所の方向、距離も知っておくといいと思います。方向の感覚は社会や理科の学習の土台をなすものですし、距離感は算数の勉強などにも欠かせません。

加えて、季節ごとの変化を体感することが、大事だと思います。大まかに四季の変化と言われますが、人々は昔から、それらをさらに6つずつに分けて二十四節季として、自然の変化をもっと詳しく見ていました。立春、雨水、啓蟄、彼岸、春分…（ちょっと調べてみて下さい）

ただし、いつもいつもこんなことをしてはいられません。**時々でいい**のです。少しこんなことを意識すると面白くなることを知っておきたいのです。

た。近年、セミの声を聞き分けられる子どもは激減しているように思います。まして、秋の夜長に鳴く虫たちの声を聞き分けられる子どもはどれほどいるのでしょうか。

○鳥・かえる・動物の様々な場面での鳴き声を聞いて下さい。

○海（波）、川、せせらぎ、わき水の音をじっくりと聞いてほしいものです。

○雨の音を聞いてごらん。場所によってうんと音が違います。

〈3〉かぐ

○森のにおいを、かいでみましょう。

○海・川のにおいを、かいでみましょう。

○土のにおいを、かいでみましょう。

○虫や動物や魚のにおいを、かいでみましょう。ザリガニやカニのにおいも。

○草や木の葉のにおいをかいでみましょう。これも毎年のようにやってきたことです。
「みんなトトロの木知ってる。校門の横にあるので見に行こう」と言って外へ出ます。
クスノキを教えるのですが、樹形、幹、葉をしっかり観察することは元より、葉っぱをもんで、においをかぎます。
「げぇ、いやなにおい」というような子もいますが
「あ、ちょっといいにおい」
といった反応も多いようです。

○豚肉と牛肉、においだけでちがいが分かりますか。

※ここまで、ほとんど「におい」ということばを使ってきました。しかし「香り」ということばもあります。季節の香り、天候の香り（雨の香り）、母の香り、働く人々の香り……においということばより、味わい深いものですね。

● 五感へのメッセージ

〈1〉見る

○空はどんな色ですか。雲の形や色は。太陽のまぶしさと夕日を見比べてみるとどうでしょう。

○夜、月や星を見ましょう。見る場所を一定にしてちょっと根気よく。壮大な宇宙に思いをはせてのんびりと。プラネタリウムも何回でも経験するといいですね。星の観察会、機会があればぜひ参加してごらん。

○飛んでいる鳥や虫を目で追いましょう。「この前、オオタカが上昇気流にのって舞い上がるの見たんだよ。この辺りにはオオタカがいるのは聞いていたんだけど、見たのは初めての事。30分近く目で追い続けたよ」（奈良県大和郡山市矢田小にて）

学級通信「このゆびとまれ」

○木の幹の皮には、様々な模様が。何かに似てない？　木々の名前は、二音のものが多いのです。すぎ、かき、かし…名前の由来を調べてごらん。雨のしずくは木の幹をつたって流れるのです。水を無駄にしない仕組みを観察してみて下さい。

○風の吹きわたる動きが、様々な植物の模様でわかります。風の姿が目に見えますよ。

○水中メガネやゴーグルで川や海の中をのぞいて見て下さい。

○のんびりとした風景ばかりではありません。台風や地震の後の川、海、大地にはどんなつめあとや変化があるでしょう。生き物にも……。

〈2〉聞く

○風の音を聞いてみて下さい。木の葉や草のそよぎに耳を傾けてみましょう。

○落葉の中を歩いてみましょう。

○虫の鳴き声を聞き分けられますか。授業中突然「あっ。セミの声やね。何ゼミか分かりますか」と毎年のように子どもたちに問いかけたものでし

子どもたちの元気、好奇心、五感の衰えが気になっています。群れて外遊びする子どもたちの姿は、とても少なくなっています。保幼小といった施設の中か、社会体育等でスポーツにいそしむ姿です。ただしこの場合でも、自由に心も体も解放してというのではなく、大人の指導管理の下での活動がほとんどです。

人間にとって自然とは、気を充実させてくれ、興味や関心を無理なく育み、必要な感覚を培ってくれる必要不可欠なものです。

とにかく子どもたちと外に行こうと考えてきました。運動場、中庭、学級栽培園はもとより、校区の公園、神社、お寺、小川や池、田んぼや畑、里山、地域によっては海、海岸、湖、河川、火山、雪山、切り通しの見える崖へ。**自然の中は感動の連続**です。感動は、言葉を生み出し、学ぶ意欲を高めるます。

将棋の羽生名人の名言。記者達からの質問、「あの一手は、だれにも理解ができません。いわゆる感ですか？（第六感ですか？）」。それに対して羽生は言った、「僕はこれまで、五感を鍛えることをおこたった事はなかった。それが、あの一手を生んだのです」と。

実におもろい一言だと思いました。

〈4〉味わう

○すっぱい味、にがい味、しぶい味、あまい味、からい味、野山にみんなあるのですよ。安全を確かめて味わってほしいですね。

○□□□は白い悪魔。日本の子どもは世界一食べています。□□□には、ひらがなが3文字が入ります。何でしょう。答えは、さとうです。歯にも、骨にも、筋肉にも良くない食べ物です。果物の甘み＝しょ糖はいいのですが。

○先生が子どもの頃に食べた、コロッケ、とんかつ、ウインナー、かまぼこ、焼き海苔…本当においしかった。でも今はちがう。あまりおいしいとは思えない。なぜこんな事になったのでしょう。

〈5〉ふれる

○土の温もりや冷たさを感じてみて下さい。

○どろんこ遊び（田植え作業は必ず）、砂遊び（砂浜での遊びは最高です）をうんと体験して下さい。

○石に触ってみましょう。

○草の葉・くき・根・花・実、木の葉・幹・枝・実をさわってみましょう。

○こけや水草、海草や珊瑚にも。

○虫や魚、ザリガニやエビやカニさわってほしいですね。

○雪・氷・霜に、ふれてみて下さい。ふれる事で指先や皮膚の感覚が研ぎ澄まされます。

〈6〉体全体で感じる

○自分で天気予報ができますか。五感を働かせて。

○気温が、温度計なしでだいたいわかりますか。

○時計を使わずに、3分間が計れますか。道具や機械を使わずに1キロメートルを測れますか。

○今、東西南北どの方角を向いていますか。

ミニ文集

《子どもたちの季節》

元気の蓄えを子どもたちといっしょに！
「**絵心・詩心・遊び心**」の世界を
ゆっくり優しく読んでみて下さい。

◎ はやおき

小学校一年　たかひろ

ぼくいちばん。
まだだれもきてへん。
きょうあさ
かぜのおとでおきてんで。
いやちゃうわ。
いぬのこえや。
まま
「おきや」
っていってんけど
もうおきててんで。

◎ おじいちゃん

小学校一年　あいり

いっしょにすんでいるおじいちゃんしんでん。
かんごふさんと　といれいくとき
きゅうにたおれてん。
おとうさんもおかあさんも
ないとった。
わたしもないてんで。
おこづかいくれたり　おもちゃかってくれる
やさしいおじいちゃんやってんで。
おかあさんが
「もうおわかれやで」
っていってたわ。

◎ は

小学校一年　いくみ

　がっこうのかえりに、バイクやさんのちかくでこけました。あしからちがでました。あるこうとして、はをさわったら、はが二つぐらぐらしていました。二年三くみのわんれいくんが、
「だいじょうぶか」
とやさしくいいました。ぼくは、
「だいじょうぶ」
と、いいました。
　うちにかえるとすぐ、おかあさんに、
「は、ぐらぐらや」
と、いいました。おかあさんは、
「どうしたん」
と、いいました。ぼくは、
「こけて、うってん」
と、いいました。
　つぎの日二じかんめのはじまりのとき、はがめちゃめちゃぐらぐらしました。ぼくは、
「いたあ」
と、いいました。なかくんが
「だいじょうぶ」
と、いいました。
　きゅうしょくのとき、さかなをたべたら、はがとれました。とれたはをもってかえると、おかあさんが、
「よかったなあ」
と、いいました。
　よるねるとき、おかあさんが、
「は、まくらのしたにいれときや」
と、いいました。
　つぎの日あさおきると、はがなくて、十円玉が一こありました。

おみまい

小学校一年　みほ

　おじいちゃんが入いんしたのでおみまいにいきました。おしっこがでないびょうきです。
　へやにいくと、おじいちゃんは点てきをしていました。おしっこのふくろもベッドのよこにつっていました。わたしは、お手紙をかいたのでわたしました。おじいちゃんは、
「ありがとう」
と、言いました。わたしは、
「だいじょうぶ。いたくない」
と、聞くとおじいちゃんは、
「うんだいじょうぶ。ありがとうな、みほちゃん」
と、言いました。
　わたしは、早くおじいちゃんが元気になるようにお手紙の中につるを入れておきました。

しゃしん

小学校一年　たくや

　学校からかえって、すずしくなってから、たくまくんとざりがにとりをしていました。
　たくまくんのおばちゃんが、カメラをもって、ぼくたちのところへきました。おばちゃんは、
「しゃしん、とったろか」
と、やさしくいいました。ぼくは、
「うん」
と、いいました。たくまくんは、
「とって」
と、大きなこえでいいました。
　ぼくは、たくまくんが、もうすぐひっこしするから、しゃ

しんとるねんなとおもいました。おばちゃんは、
「もっともっとよって」
と、いいました。ぼくとたくまくんは、すぐちかくによりました。カメラをかまえて、
「一たす一は」
と、いいました。ぼくとたくまくんは、
「にい」
と、かおをにっこりとしていいました。おばちゃんが、
ボタンをおしました。カチャ、ウィーンという音がしました。
おばちゃんが、カメラをかまえて、
「三ひく一は」
と、いいました。ぼくたちは、
「にい」
とこえをそろえていいました。おばちゃんが、
「はい、おっけい」
と、いいました。ぼくは、
「ありがとう」
と、いいました。

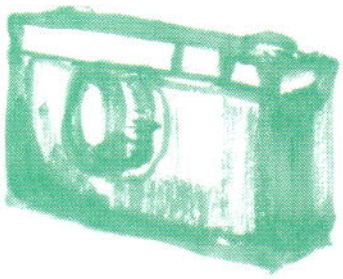

　たくまくんがひっこししたら、あそぶ子がいなくなるので、さみしくなるなとおもいました。

◎ 夕日

小学校二年　ゆうすけ

　ゆうごはんを食べている時、まどを見たら、ピンク色に見えました。ぼくは、あわててまどをあけました。あけて見ると、空がピンク色になっていました。ぼくは、
「わあ、きれい」
と、言いました。
　おかあさんと、おねえちゃんもきて、まどから空を見まし

た。おかあさんと、おねえちゃんも、
「きれいやなあ」
と、言いました。
　そして、まどをあけたまま、ごはんを食べました。

ざ・なんもん

小学校二年　ちか

　４時間目のとき、きょうかしょのもんだいができたので、わたしはざ・なんもんをしていました。ざ・なんもんは先生がはやくできた子に出す、すごくむずかしいもんだいです。いつもは先生がこくばんに書くのにきょうはプリントです。もんだいは上と下に一つずつありました。
　わたしは、何回も何回も大くぼ先生に見せにいきました。大くぼ先生は、
「上は、おしい。下は、ぜんぜんちがう」
と、言いました。
　つくえにもどって上だけなおしてまたならびました。大くぼ先生は、また同じことを言いました。
　つくえにもどってまた計算しなおしました。わたしは、もう一ど大くぼ先生に見せにいきました。また大くぼ先生が
「おしい」
と、言いました。先生が、
「あと５分」
と、言いました。わたしは、もう一ど大くぼ先生に、
見せにいきました。また、大くぼ先生が
「うあ、ほんまにおしい」と、言いました。
　わたしは、もう一かいかこうとすると、はるかちゃんがのぞきました。わたしは、答えをかきました。はるかちゃんが
「おおてるやん」と、いいました。

その時、大くぼ先生が、せつめいしながらこくばんに答えをかきました。わたしは、はるかちゃんに、
「さいごのさいごにあってんなあ」
と、言いました。
わたしと、はるかちゃんは、にこにこわらいました。
大くぼ先生が、みんなに
「ちかちゃんはえらいで。あきらめんと何どもやらはってんで」
と、言ってくれました。

◎ ごきぶりたいじ

小学校三年　悠

わたしが、下のへやで勉強をしていたら、お母さんが、いそがしそうに何かをさがしていた。わたしは、
「何さがしてるの」
とお母さんの方を向いて聞いた。お母さんが、
「上のへやに前から大きなごきぶりがいててな。それたいじするために、さっ虫ざいさがしてんねん」
といろいろなものをどけながら、あわてたように言った。わたしは、
「虫よけスプレーならあるで」
と、そばにあったスプレーをお母さんに見せながら言った。お母さんは、
「はははは。虫よけスプレーなんてきくはずないやろ」
と、せっかく教えてあげたのに、ばかにした言い方でいったので、少しはらがたった。

お母さんが、おくのへやのおばあちゃんに、
「さっ虫ざい、ありませんか」
と聞いて、おばあちゃんが、

「そこにあるわよ」
とへやから顔を出して、トイレのドアのすぐそばを指さした。お母さんは、それを持ってきて、新聞紙をおいてある所で、新聞紙をくるくるまいて、ぼうみたいにした。そしてかいだんをのぼっていった。わたしも、おかあさんについてゆっくり上のへやへ行った。
　お母さんが、下から持ってきたさっ虫ざいをかた手に持って、
「こら、ごきぶり出てこい」
と言った。すると、ごきぶりがちょろっと出て来た。どうやらお母さんのよびかけがきいたらしい。お母さんは、
「わあ」
と言いながら、まるめた新聞紙をにぎって、たたくよういをしていた。ごきぶりは、本だなのすみっこにかくれた。おそるおそるお母さんが、本をどけてみた。お母さんは、また
「きゃああ」
とさけんだ。ごきぶりは、ちょろちょろとにげて、今度は、くつ下の下にかくれた。お母さんが、くつ下をつまみ上げると、ごきぶりはまた、本だなのすみににげこんだ。お母さんは、さっきかた手に持っていたさっ虫ざいを、本の下からふきつけた。ごきぶりが、ちょろっと出て来た。お母さんが、
「早く死ねえ」
と言って、新聞紙をバンとごきぶりにたたきつけた。そして、ごきぶりを新聞紙の下にとじこめ、上からおさえつけた。お母さんは、
「お父さん、お父さん。ごきぶりつかまえたからとってえ。はよとってえ」
と大声でよんだ。ところが、お父さんは、
「お母さんがんばれえ」
と向こうのへやでおうえんしてこっちにはこない。お母さんは、それでも
「はよとってえ、はよお」

とさけんでいたが、しょうがないから、私が左足で新聞紙をどんとふみつけた。

　お母さんは、
「やったあ」
とにこっとした。
　新聞紙をそっとでけてみると、ごきぶりはちょっとよろけて、びくびくっと動いた。お母さんは、さっ虫ざいをすぐ近くからかけた。ごきぶりは動かなくなった。そこへお父さんが来て、新聞紙ごとすててくれた。それから、
「お母さんよくがんばりました」
とお父さんがにやにやしながら言った。

◎ おかあさんがつかれている

小学校三年　まり

　月曜日の三時すぎ、おかあさんがしごとからかえってきました。スーパーのふくろをもっていました。わたしは、おかあさんがいつもよりすこしはやくかえってきてうれしかったので、
「おかえり」
とにこにこしながらいいました。でも、おかあさんは、わらってくれずに元気のない顔で、
「ただいま」
とゆっくりいいました。わたしは、しんどいのかなと思って、
「どうしたん」
と言いました。おかあさんは、
「つかれてんねんねさなさせてな」
と下をみながら言いました。
　おかあさんは、おとうさんのふとんがひきっぱなしだった

ので、きがえないでおとうさんのふとんにねころびました。
おかあさんが、
「六じにおこしてや」
と小さなこえで言いました。わたしは、
「わかった」
と言いました。
　おかあさんは、すぐにねてしまいました。

　おかあさんは、朝八時からひるの二時まで、黒ねこヤマトではたらいています。トラックでにもつをはいたつしています。わたしが学校に行くまえにしごとにいきます。まえ見にいったときには、おもそうに大きなはこをなんべんもトラックにつんでいました。
　おかあさんがねているあいだ、しゅくだいをしたり、テレビを見ていました。テレビはおとを小さくして見ました。四じごろとけいをみました。五じすぎにもとけいを見ました。テレビを見ていて、もうすぐ六じやなとおもいました。
　それでおかあさんのへやへいきました。わたしは、
「六じやで」
とふとんの上からゆすって言いました。おかあさんは、ちょっと目をあけて、
「六じはんまでねかして」
と言いました。わたしは、だまってまたテレビを見にいきました。また、テレビが終わったので、六じはんやと思って、おかあさんのへやへいきました。わたしは、
「おきや」
とすこし大きなこえで言いました。おかあさんは、ゆっくりとおきて、ごはんのよういをはじめました。わたしは、おかあさんはなにも言わなかったけど、ちゃわんやおわんやはしやコップをならべました。ごはんもよそいました。
　ごはんのよういができて、おにいちゃんとわたしがたべはじめたら、おかあさんは、

「もうちょっとねるわ」
と言ったので、わたしはおかあさんに、
「かぜひいたん」
と聞きました。おかあさんは、
「だいじょうぶ、かぜひいてへん。つかれてるだけや」
と言ってじぶんのへやへいきました。

◎あまご

小学校六年　優

　家族四人で四国旅行に行った。四万十川源流の家というペンションについてまもなくのことだった。父が、
「つりしに行こう。ゲートボール場の下から、川におりる所があるねんて」
と言った。私は、あまり気がすすまなかった。つりなっんておもしろそうではなかったからだ。荷物を片づけて、休憩するといっているお母さんと部屋に残ろうかなと思っていた。しかし、妹の悠とお父さんがうれしそうに部屋を出ていったので、後をついていった。
　川が見えるとすずしくて、少しわくわくした。川辺に行くと、水はとてもすき通っていて、魚がたくさん見えた。私は、川の水にビーチサンダルのまま入ってみた。少しひやりとして気持ちがよかった。悠が
「あ、むっちゃ大きな魚がいる」
と、言った。私は川の方を見て、
「あ、ほんまや」
と、言った。その魚は、二十五センチくらいあって、他の魚よりゆったりと泳いでいて、魚のボスみたいな感じだった。
　お父さんが、民宿で買ってきたいくらを、悠のさおにつけて、

「優はどうするの」
と言った。私は、
「いいわ」
と言った。お父さんもえさをつけてつり始めた。
　ところが、悠やお父さんの姿を見ていると、ちょっとやってみたくなった。その時、はるかがつりざおを上げ、
「やったああ」
とさけんだ。そのつりざおの先には、魚がぴちぴちはねていた。私は、それを見た瞬間、
「私もやる」
と言った。私はお父さんにつりざおをかり、えさのいくらをつけてもらった。お父さんが、
「よっしゃ、やってみ」
と言った。私は、つりざおをふって糸を川にたらした。えさのところを見ると、魚が集まってきた。私は、じっと待っていた。そうすると、うきが少ししずんだ。お父さんが、
「今や、上げ」
と、どなった。私はすっとさおを上げると、魚がはねた。お父さんが、
「やったやんか」
と、大きな声で言った。大きさは、八センチくらいの小さなものだったが、思わずにこっと笑った。お父さんは、その魚を針からはずし、バケツの水の中に入れた。お父さんが、また、
「やったなあ」
とうれしそうに言ってくれた。私は、
「うん」
とつぶやいた。
　二度目の挑戦。つりざおをたらすと、すぐ魚がよってきた。お父さんが、
「うきをちゃんと見ときや」
と言った。私は、じっとうきを見つめていた。うきがぴくん

としずんだ。つりざおを上げると、少しくいっと手ごたえがあった。また魚がかかっていた。私が、
「これ、何ていう魚」
と聞くと、お父さんが、
「はやちがうかな」
と教えてくれた。
　その後も、三匹ほどつれた。悠も、同じように何回かつれてうれしがっている。つるたびに、魚をとり、えさをつけてくれるお父さんは、あっちいったりこっちに来たりしながら、
「入れ食いやな」
と言っていた。
　少しおなかがすいたなと思い始めた時、お父さんが、
「向こうの方でつってみようか」
と、さっきの大きな魚を見つけた辺りを指さした。私は、
「うん。行ってみるけど、ほんまにつれるの」
と聞いた。お父さんは、
「まあ、行ってみよ」
と言った。
　岩を二つほど乗り越え、細い堤防みたいな所を通って行った。川の流れがゆっくりな所で、日かげになっていて、少し深そうな感じがした。魚はあまり見当たらない。私は、
「魚、全然おらへんやん」
と言った。お父さんは、
「あそこに、二匹大きいのいるやん」
と声をひそめて言った。あの大きなやつやと思った。私は、えさをつけてもらって、その魚の近くへ糸をたらそうと思ったが、まるでちがう所にいってしまった。お父さんが、
「かしてみ。やったるわ」
と言って、さおをとった。お父さんが、えさを魚の近くにたらしてくれた。お父さんが、さおをわたしてくれた。私は、両手でさおを持って、すぐ横に立っているお父さんに
「つれるかな」

と小さな声で言った。
　その魚は、えさなど見向きもしないような感じで、じっとしていた。二匹のうち一匹は少し大きくて二十五センチくらいかなと思っていた。その大きい方が少し泳ぎ回り出した。そして、えさのすぐ近くでぴたりと止まった。えさの方を見ながら、じっとしていた。
　わたしも、じっと息をひそめた。お父さんが、私の後ろから両手でさおを持ってくれた。その時、その魚が、左へ右へとくねくね泳いで、えさの所へきたかと思うと、うきが勢いよく、ぐっとしずんだ。お父さんはそれを見た瞬間、つりざおに力を入れひっぱった。私もいっしょにひっぱった。ぐっと手ごたえが強く、さおがおれそうなほどしなって、糸がピンはった。やっと上がったつりざおの先には、まさしくあの大きな魚がかかっていた。
　お父さんが、
「おお、すごい。やったあ」
とさけんだ。わたしもうれしくて、お父さんと顔を見合わせた。そして、
「悠、悠、すごいで。ものすごくでっかい魚つったでえ」
とさけんだ。
　ペンションにもどると、お父さんはさっそく、ペンションのおじさんに、
「この魚は何ですか」
と、あの魚をバケツから取りだして言った。おじさんは、
「こりゃあ、あまごですよ。まぼろしの魚と言われていますね。高級魚ですよ」
とうれしそうな表情で言った。
「え、まぼろしの魚。やったな、優」

とお父さんもうれしそうだった。そして、お父さんは、
「この魚食べれるんですよね。なんなら料理してもらえますか」
と言った。おじさんは、にこにこしながら、
「ええ、いいですよ」
とこたえてくれた。
　夕食の時、他の料理を食べいると、おじさんが、
「あまごですよ」
と言って、テーブルにおさらをおいた。お母さんが、
「大きいなあ。すぎいなあ」
と感心した口ぶりで言った。私たちは、いっせいにあまごにはしをつけた。

メッセージ

日本のつづり方は、世界に誇れる優れた子育ち文化です。豊かな人間性を培い、深い情感や確かな学力身につけるために、欠くことのできないものです。少しずつそうした子育ち文化が影をひそめています。物事を処理する文章や安易な短作文の指導が増えているからでしょうか。

①事実を克明に。
②人を大切に。
③自由で伸びやかな表現を。
④なかまと共有共感する。

そうした四つの柱を、今後も大事にしたいと思っています。

第**4**章

人と命をさがす子どもたち

子育ちの基礎でしょうか。

赤子は○を離すな
幼子は○を離して◎を離すな
少年は◎を離して□を離すな
青年は□を離して△を離すな

○、◎、□、△にはそれぞれ漢字一文字が入ります。
どんな漢字でしょうか？

Answer 22

○……肌　◎……手
□……目　△……心

メッセージ

スキンシップの大切さに始まり、少しずつ、自立と自律へと移行していきます。そして精神的なつながりが、子育ちには大事であることをこの問題は教えてくれています。

ある講演会で、参加者から「青年は親を離して友を離すな」との答えが出されました。思わず「素晴らしいですね。目と心よりいいお答えかもしてませんね」ともらしました。

さらに、こんなこともありました。別の講演会で、青年は親を離して友を離すなというお答えが出たことを披露しますと、会場にいた年配の男性が、「それは、逆と違いますか。友を離して、親を離すなとちがいますか。今の時代は。もう少し親を大切にせえよと思いますな」とのご発言。これまた一本取られたと、絶賛申し上げたものでした．

＊＊＊ ネィティブアメリカンの教えより ＊＊＊

批判ばかり受けて育った子どもは……非難ばかりします。
不正をする中で育った子どもは……ずるさを身につけます。
敵意に満ちた中で育った子どもは……だれとでももめごとをおこします。
ねたみを受けて育った子どもは……いつも悪いことをしているような気持ちになります。
心が寛大な中で育った子どもは……我慢強くなります。
励ましを受けて育った子どもは……自信を持ちます。
ほめられる中で育った子どもは……いつも感謝する事を知ります。
公明正大な中で育った子どもは……正義心をもちます。
人を認め合う中で育った子どもは……自分を大切にします。
仲間の愛の中で育った子どもは……社会に愛を見つけます。周りの人に愛を与えます。

Question 23

あるジャンルの読み物は、必ず子どもたちを魅了しました。どんなものでしょうか。

Answer 23

下ネタと戦争中の出来事の話。

メッセージ

子どもたちはどうしてあれほどに**下ネタが好き**なのでしょうか？　おなら、おしっこ、うんち、おっぱい……。それは、**性への興味**につながるものだからでしょうか。性への関心は生への活力につながる本能的なものだと思います。第三章のにおいの問題でも取り上げましたが、**性は生や気につながる**大変に気高い問題だと思います。クレヨンしんちゃんがその作品の良し悪しはおくとして、下ネタでなが年に渡り、子どもたちを引きつけていることはまちがいない所です。

一方、戦争のむごさを伝え、平和の素晴らしさを考えることは、実は子どもたちが欲している**豊かで深いテーマ**だと確信しています。

小学校低学年を担任していて、絵本『おこりじぞう』『とびうおのぼうやはびょうきです』などの読み聞かせでは、必ず教室に静けさと真剣さがあふれました。中学年で『ちいちゃんのかげおくり』『一つの花』の授業で失敗したと感じたことは、まずありませんでした。高学年の歴史の授業。黒板にヒロシマ、ナガサキとカタカナで書くだけで子どもたちは、「何でカタカナなの?」と鋭く反応します。それらは、子どもたちが直接は体験できないけれど直感的に学びたい、学ばなければならないと感じる事例なのでしょう。やっぱり**命の教育の本質**がここにはあるのです。

新聞社の調査によると、原爆の日である8月6日、8月9日が何の日かという問いに答えられない中学生が50%を越えたとのことでした。残念でしかたがありません。「今、地球の生き物を全部殺し、地球を完全に壊す力を人間は持ってしまったんやで。どうしたらいいと思う」こんな話に子どもたちは、学ぶ意欲を研ぎ澄ますのです。

下ネタと戦争と平和の話、真逆のようで、実は底流にはよく似た生きる本能を刺激する大きなエネルギーがあるのかもしれません。

Question 24

子どもの人権総合研究所の事務局長の大寺和男さんは、
いま、子どもたちのストレスの原因になっている
最大のものについて意外な見解を示しています。
何だと思いますか。

Answer 24

大人の多さ。

メッセージ

大寺さんは、現在子どもたちのストレスの最も大きな要因として、大人の多さを挙げておられます。え？　何でとお思いの方も大勢いらしゃると思います。1950年代、子ども1人に対して大人の数は1.26人だったようです。しかし2000年代に入って、子ども1人に対して大人の数は何と7人を超えているようです。想像してみて下さい。子どもが1人いるその周りを7人の大人が取り巻いている情景を。

最近、子どもたちが被害者になる悲惨な事件の続発に端を発して、全国各地で子どもたちの安全のためのパトロール隊のような活動が展開されています。有り難い話です。しかし、常に子どもたちは、大人の監視の中での生活を余儀なくされています。

本来子どもというのは、大人の目の届かない所で、寄り道し、いたずらをし、時には冒険をして気持ちをすっきりさせるのではないのでしょうか。大人の目の届かない場所で、好奇心・自立心・挑戦力を磨くのではないのでしょうか。子どもの遊びというものは、本来大人の介在を許さないものなのではないでしょうか。

大人が多すぎることが問題だと指摘されても、どうしようもない気がします。しかし、子育ちを忘れずに、過保護過干渉になりそうな自分を少し抑えたいですね。

子どもたちには自ら育つ力が備わっています。子どもたちにとって最も貴重な力となるのは、親の力でも、教師の力でもいない、子どもたち同士の高まり合いが一番大きいということを忘れてはならないと思います。

新3年生の子どもたちとの顔合わせの日。
順番に自己紹介、あきちゃんが立ち上がると、
「あきちゃんちお父さんいないいんやで」と
心ない発言。どうしますか。

Answer 25

プラス思考で切り替える。

エピソード

とっさに、「そうなんや。先生はね、これまでお父さんのいない子、お母さんのいない子、お父さんもお母さんもいない子に出会ってきたんやで。どの子も優しくて、強い子ばっかりやったでえ。あきちゃんも、きっと優しくて強い子なんでしょうね。よろしくね」と、にこりと語りかけました。その時のあきちゃんの笑顔は忘れることができません。

その時、口先だけでそう言ったとは思えないのです。6回目の担任でした。それまでに、様々な生活や生い立ちを背負った子どもたちとたくさん出会ってきました。そのころ灰谷健次郎氏の太陽の子の「人を愛するというのは、自分の知らない人生を知ることでもあるんだよ」という一節を一つの目標にしていました。僕は自分の知らない人生が、少しずつ自分の中に蓄えられているんだなと素直に喜びを感じたのでした。

「そんなこというもんじゃありません」とか「なんということをいうの。あやまりなさい」というようなことでは、あきちゃんは救われません。父親がいない、あるいは両親がいない、そんなことがマイナスだと感じない感じさせない世の中をめざせないのでしょうか。

劣っているように思われがちなことに、**逆転の発想でとらえかえして**、人間を見つめる。そんな力がみんなに少しずつ備わったら、いい世の中になるのでしょうね。

偏見のスタートは○○、
偏見の終結は□□。

答えはいずれも漢字二文字。

Answer 26

○○→ 愛情
□□→ 殲滅

『偏見の構造』より

メッセージ

偏見のスタートは愛情だと聞くと、意外な気がするかもしれません。アメリカの社会心理学者は、街角で白人の母親が息子に「黒人は何をするかわからない」から近づかないよう話して聞かせているのを見て、様々な**偏見のスタートに愛情**があることに気づき研究を進めたようです。

我々の身の周りでも、「ああいう人とは遊んじゃだめよ」「しっかり勉強しないとあんな仕事にしかつけないよ」と言った会話が交わされます。親の側にしたら決して悪意ではないのです。ごく自然な愛情の発露です。しかし、確実に偏見の種を蒔いたことに多くの人が気がつきません。

偏見は様々な段階を経て、**最終的には、殺戮《さつりく》、殲滅《せんめつ》**へと至ります。ナチスドイツがやった、ユダヤ人のガス室送りがその典型的な例です。

人が人を見つめるとき、くもりなき眼で見つめてほしいと願ってきました。またそんな自分でありたいとも。

子どもたちとは、「きめつけ」や「思い込み」という言葉で、読み物教材や視聴覚教材で考え合ってきました。

あるいは、文学教材などでも。例えば、名作『ごんぎつね』。ごんは、兵十や村人からすれば、どうしようもなく許せないやつ。しかしよく読んでみると、寂しがり屋で、人が大好き。けなげで、素直に反省する力も持っている。ある種の品格すら感じさせます。そしてどこか兵十とも似ている。必ずやわかり合えるはずの二人が、ごんの死をもってやっと通じ合う。実に悲しい結末です。

文学を通して、人を奥深く見つめる、そんな学びも大切にしました。

出席簿の名前が男女まざりあっているのを男女混合名簿といいます。

男女混合名簿でない国は、世界で何カ国ぐらいあると思いますか。

Answer 27

日本とインドの二つの国だけです。

メッセージ

出席簿は、多くの学校で男女別につくられていました。しかも、まず男子の50音順、その後に女子の50音順が続いているのです。名簿が初めからそうなっていますので、女子と男子は別々に並ばされます。出欠を取ったり、入学式や卒業式で名前を呼ばれる時も、男子が先、女子が後になってしまうのです。くつ箱やロッカーも男女で分けられていました。

これは、そうした法令があったわけではありません。これまでの習慣で男女別にしてきたのです。

しかし、1985年頃から「習慣で区別してきたことが、差別につながる」との意見が各地の学校から出てきました。幼稚園、小学校、中学校、高校と男女が別にされることに慣れて、知らず知らずのうちに、「男と女はちがう」「男のほうが女より上」という考えになってしまうという主張です。今では、3割近い学校が男女混合名簿に変えてきていますが、それでもまだ、3割です

インドは、カースト制度のなごりの残る、大変に差別のきつい国と言われます。アカデミー賞を取った「スラムドックミリオネア」など観ると、よく分かります。女性に対しても不浄のものとしてさげすむ傾向のある国です。
そんなことも考え合わせると、男女混合名簿になっていない状況は、考えてみたい問題です。

子どもたちが、
三つの〈間〉をうばわれたと言います。
さてその三つとは?

Answer 28

時間、空間、仲間。

メッセージ

50年前、東京の武蔵野。僕は、そこでで少年期を過ごしました。雑木林があちらこちらにあり、畑地もかなり残っていたように記憶しています。近所には豚小屋があり、肥だめも身近にありました。何よりも時間がいっぱいあったのです。とにかくよく遊んだものです。人工的な公園のようなものは記憶にはありません。空き地がたくさんあって、野球をしたり、たこ揚げをするのもこまらなかったのです。川でつりもでき、セミとり、とんぼつり、殿様バッタとり……不自由したことはなかったのです。

さらに、学年を越えた友だちというか、感覚としては「群れ仲間」がたくさんいました。中学生が、小学生はもとより幼稚園児をも引き連れて、何かやっていましたね。とにかく、時間も空間も仲間も豊富でした。そうした中で、「野性味にあふれた期間」を送っていたと思います。

いまの子どもたちは、動植物と同じ仲間である「野性味」をついに失ってしまったように思います。子ども時代の特権である「ひまな時代」をもつことを許されなくなってしまいました。ちょっとふりかえれば、子どもたちにとってそれがどれほどに不幸であるかぐらいは、大人にはよくわかるはずなのです。

子どものからだも自然です。やわらかい皮膚、筋肉、はらわた、血、それに骨、魂のもとである神経や脳みそさえが、物質という自然です。そうであるならば、子どもの筋肉や神経を強くしなやかに発達させるためにも、周囲の自然との接触を活発にさせてやらねばならないと思います。自然のなかであばれまわり、それにぶつかっていくことをさせねばならないと思います。野性味あふれる時期の特性を発揮してあばれまわり、ひざ小僧をすりむいて血がでたり、虫にくいつかれたり、さされたり、ウルシにかぶれたり、こうすることで、自然の治ゆ力が内側からみなぎり育っていくのをそそのかさねばならないと思います。土や石や水や草木や動物どもとぶつかりながら、ねじる、ひねる、のばす、折る、まげる、ひっぱる、ちぎる、たたく、投げる、ひろう、もとへもどす、こういうためしをどんどんしなければならないと思います。

世界中のほとんどの国では考えられないことを、

日本の先生は当たり前のように

行っています。何だと思いますか。

Answer 29

① ルールをだれよりも守る
② 家庭訪問、個人懇談…生徒指導
③ 細やかな給食指導

まだまだいっぱいあります。

メッセージ

今先生たちが自信を失い、なかなかにストレートに意見が言えなくなっている現状があるのです。それでこんな問題を出したのです。

まず、日本の教師の犯罪率は世界で最も低いのです。警察官よりずっと犯罪率が低いそうです。それだけモラルが高く、ルールを守るということです。先生と呼ばれるほどの馬鹿でなしと昔からかわれましたが、実際には、先生という職業についたとたん、人の模範とならなくてはという意識が高まるのでしょうね。日本人の優れた特性かもしれません。

家庭訪問や個人懇談なども世界ではめずらしいようです。個々の家庭の問題をここまで見て知ってくれていることが当たり前になっているのは、すごいことなんです。

加えて生徒指導、近所のコンビニで子どもたちによる万引き事件が発生。最近では、家に連絡するより、学校に連絡することの方が増えています。先生方も当たり前にコンビニに出向きます。

給食指導は、世界でも少しずつ増えているようです。しかし、多くはビッフェ形式の簡易なもののようです。日本のように白衣やナプキンの用意、給食室からの運搬や盛りつけ、食べ方や栄養指導、そして片付け……。これまた、たいへんなことを平然とやっているんですね。

阪神淡路大震災のおりの、ボランティアの皆さんの炊き出しの素早さ、受け取る被災者のマナーの良さが世界から注目されました。日本の給食指導の素晴らしさが背景にあることが、アメリカの教育界で話題になりました。東日本大震災においても、暴動や略奪が全くおきない。避難場所での支え合いに、世界各国から驚嘆の声があがっていることに、日本の学校が持つ子育ちの確かさがあることに、少し目を向けてほしいと思います。

最後に勤めていた小学校で、子どもたちの
人を大切にする感覚が、一気に高まりました。
何があったと想像しますか。

Answer 30

小学四年生の死。

それをつづり、
読み合った多くの子どもたち。

エピソード

月曜日の朝、職員の打ち合わせのおり、校長より４年生の男子の死が知らされました。一年以上前からの病状を知る教師にとっては、覚悟の上のできごとでした。そして全校朝礼で、全児童には自分から話して聞かせるが、各学級でも担任より色々な話をするようにとの指示がありました。

その後、子どもたちと体育館へ入りました。いつもと違う教員たちの様子を敏感に感じ取る子どもたちでした。
校長が話しはじめて間もなく、様子がおかしいことに気がつきました。ことばをつまらせ、ハンカチを取り出し、すすり泣いているのでした。見た目も日頃の言動も「豪快、豪傑」の人物が目の前で泣いているのです。体育館は静まりかえり、もらい泣きする子どもたちも見られました。校長は黙祷《もくとう》を呼びかけ、最後にしぼりだすように「しんたろうの分までしっかり生きるんやで」と話を結んだのでした。

後に、子どもたちのつづったものを読むと、それぞれの担任からもなみだを浮かべながらの話があったようです。多くの子どもたちが、その日の出来事を「校長先生のなみだ」「もくとう」「悲しい全校朝礼」……といった題をつけ、つづっていました。同学年の多くの子も、前日の連絡のこと、通夜あるいは告別式のことなどをつづっていました。

さらには、その後もクラスの子たちは、順番に「しんたろうのノート」と名付けたものを一日と空けず、家に届け続けたのでした。そのノートは、卒業の日まで2年半続いたのでした。

子どもたちにとっては実に崇高な経験でした。その経験は少なからず心・身体の中に残るのでしょう。しかし、薄らぎ・消え去っていくことも事実だと思います。ところが、そのことの**事実を克明に描き取り、つづったもの**はまちがいなく残るのです。そして、それを読み合うことで、尊い経験に深まりと広がりが生まれたのだと考えます。

「人を大切にする歩み」を刻み続けたいですね。

第**5**章

もっとそっと
夢をひろい集めて

Question 31

ディズニーランドで アルバイト代が一番高いと いわれている仕事とは？

Answer 31

トイレ掃除をはじめ、パーク全般の清掃美化・メンテナンスの仕事。

ちなみに

ＴＤＬ（東京ディズニーランドの略、以下ＴＤＬ）に関してよく話をします。その時に必ずふれるのが、清掃・美化にあたるカストーディアルと呼ばれる仕事についてです。

ウォルト・ディズニーがアメリカでパークを立ち上げる時、そうしたメンテナンスの部署のリーダーとして、あるベテランのアニメーターに白羽の矢を立てたのです。そのアニメーターは長編アニメ映画の背景を担当してしてきた人物です。彼は当初、「なぜ私がそんな仕事に回されるのだ」と食ってかかりました。ウォルトは平然と、「君は、主人公たちやストリーが引き立つように素晴らしい背景を生み出してきたのだよ。パークではお客様が主人公だ。お客様やその思い出が輝くための背景を整えるのは、君をおいてだれがいるんだね」と言ってのけたとのこと。そして、「気持ちよくお客様がパークという舞台で夢を結んでもらうのは、妖精の仕事だよ」とも言い放ったそうです。ＴＤＬ開設のおりには、その人物がアメリカから日本に来て直接指導にあたったのでした。

昨今の子ども・学校の荒れの背景に、コンビニやスーパー周辺のすさみがあると思っています。もちろん社会の劣化にも目を向けなくてはと思います。ですから、ＴＤＬのカストーディアルの仕事を例に引いて、環境を整えることの大切さについてお話ししているのです。

ＴＤＬでは、新入社員を必ずカストーディアルにつかせ、給料や待遇面でも優遇し、こうした部署に対しての**意識変革**を果たしているそうです。

戦後プロ野球のスーパースターであった、長島、王の両選手。その当時、川上監督が二人に初めに教えたことはトイレの使い方と掃除だ、と言っておられます。どうやら子育ちの未来を切り開くのは、こんな身近な問題にあるのかもしれません。

ディズニーランドでは、なぜ多くの大人が楽しく感じるのでしょうか？　それは、

人の持つ○○○性と□□願望と

を満たしてくれると言われています。

Answer 32

○○○性→子ども
□□願望→変身

メッセージ

僕は、かなり熱狂的なディズニーランドファンです。ディズニーランドに強く惹かれるのは、自分の中にある子ども性を満足させてくれるからだと思っています。元気でよく動き、何にでも興味があり、挑戦せずにはおられない。冒険や不思議にあふれ、自分が子どもにもどったような開放感にひたることができるのです。小学校の教師でしたから、自分の中にある子ども性はたいへん大事なものだっと思ってきました。子ども性があるので**子どもたちとの距離**が近いとも考えてきました。ですから、ディズニーランドが刺激してくれる子ども性を素直に受け入れてきたわけです

もう一つの変身願望。お姫様になって舞踏会に出る、海賊になって大海原にこぎ出す、パイロットになって宇宙空間を猛スピードで飛び回る、小さな女の子にもどって妖精と戯れる…。現実的な日常から切り離されて、夢と魔法の世界に浸る。そうした時間を大人たちは子どもたち以上に求めているような気がするのです。

加えて、ストーリー性、建築技術、機械工学、音響、美術、予想外のサービス……など魅力にあふれていることはまちがいありません。ただし、極めて人工的空間＝徹底した自然への管理には、凄まじいものがあります。ウォルトの生い立ちから来る自然への嫌悪がそうさせているのです。

自然と共に生きてきた日本人にとっては、本来受け入れられないもののはずだということも、認識しておく方がいいかもしれません。

クイズミリオネアという番組があります。
これまであったクイズ番組と決定的にちがうところを挙げてみてください。

Answer 33

① 答える速さはまった関係がない。
② 知識の量もさほど大きな要素ではない。

メッセージ

これまでのクイズ番組の多くは、速く答えることがまず求められます。そして知識の量が勝負を決します。詰め込み型の学力とよく似ています。知識の量は軽視してはならないとは思っています。しかし単なる知識、よりよく生きることにつながらないテストだけのための知識では寂しすぎます。クイズミリオネアでは、速さは全く問題にしません。悩みに悩み、出題者の、みのもんたさんの表情やしぐさをうかがい、時に独り言をつぶやき……とにかく時間をかけていいのです。

そしてこれまた決定的に違うのは、ライフラインと呼ばれる三つの助け船です。この助け船もどんな順番に使ってもいいのです。ですから、この選択も重要になります。

オーディエンスというのがあります。会場につめかけた全観客に答えを問い、それを参考にして答えるいうものです。自分一人の知識ではなく、モニタリングすることの大切さが問われるのです。しかしその問題が、それにふさわしいかを見極める力も重要となります。

③ ライフラインと呼ばれる、ピンチを救ってくれる方法が使える。
④ 問題を聞いてから途中でやめることもできる。

テレホン。幅広いジャンルにたけたなかまをあらかじめ選び、電話口で待ってもらう。限られた時間内に問題文を読み上げ、反応を聞きそれを参考にして答えるというものです。なかま選び、問題文を要約して正確に伝える力、これまた重要な生きていく力ではないでしょうか。

フィフティーフィフティー。選択肢を四つから二つにしぼり答えるというものです。重要な課題をしぼるこむ能力、これまた欠かすことできないものです。

こうした三つの助け船に加えて、ドロップアウトというのもこれまたこのクイズの大きな特徴です。問題文を聞いてから自分の獲得金額によって途中でやめて、現在の金額を獲得するというものです。人生の岐路における決断力が問われるわけです。

たかがクイズ番組されどクイズ番組。子どもたちの学力の問題を考える上で、こんな視点で、この番組を観るのも面白いかもしれません。

1、あなたは夢（目標）を持っていますか。

2、その夢を書き留めていますか。

3、その達成のために（　　　）していますか。

アンケート3に入る文言を8字以内で、
できるだけ多く書いてみて下さい。

Answer 34

計画を文章化。

50年ほど前、エール大学で卒業生全員に行われたアンケート調査です。3つともにYESと答えたのは3%。20年後の追跡調査によると、その3%の人々がいずれも社会的大成功を収めていたというのです。

メッセージ

何をもって大成功と考えるのかという大きな問題を見逃してはならないと思います。しかし、夢を言葉にすることの大切については納得のいくものです。

今、若者のフリーター、ニートが激増しています。一方、好奇心・冒険心に溢れているはずの若者の海外旅行者は激減しているといいます。電車に乗ると、携帯電話を片手にせわしなく親指を動かし続ける高校生の多さに戸惑います。コンビニの駐車場にたむろし、べったりと座り込み、物をほおばる中学生とおぼしき一団も、ごく日常の風景となりつつあります。

若者たちをそのように追い込んできたものは何だったのでしょう。子どもたちや若者たちの現状を心配しています。それだけに、思いや願いを事実に即して、言語化したり、文章化することの大切さを訴えたいのです。

日本には、言霊という考え方がありました。前向きな言葉を発し続けると、夢や理想は実現するというそうした教えです。言葉は多くの真実の蓄え。その言葉には大きな力があるという考え方です。

また、子どもたちの学力低下の問題も、あちこちで取り上げられます。その原因として話題になるのが、ゆとり教育と学校（教師・子ども）に競争がなくなったことです。そうした課題を否定するつもりはありません。しかし、もっと社会全体の仕組みの問題として考えてみる必要があると思っているのです。政治や経済の混乱、文化や生活の衰退、自然と日本人らしさの喪失……、そうしたことが、若者たちから夢や理想やパワーを損なっていると考えるのです。みんなで、そうしたものの復興のために持てる力のすべてを尽くしたいなと念じるのです。

Question 35

大人から言われたくない注意、ワースト3を考えてみて下さい。

Answer 35

勉強しなさい 早くしなさい 静かにしなさい

『大人への禁句集』より

メッセージ

こうしたことばは、子どもたちの意欲を確実に損ないます。私たちが安易に使っていないかチェックをしたいものです。

他にも、
「何べん言ったらわかるんだ」
「だれのためにしてるのよ」
「こんなこともわからないのか」
「何を聞いてたんだ」
なども、子どもたちを傷つけこそすれやる気を引き出すことにはならない注意だそうです。

人間を大きくプラスへ導く言葉もあれば、人傷つけ落とし込める言葉もあるのです。

加えて子育ちに、焦り・イライラは禁物です。子どもたちの意欲を引き出すには、根気と工夫が欠かせません。そして、子どもの伸びについてよく知っておくことが必要です。子どもというのは多くの場合、少しずつ確実に成長するものとは限らないのです。
（もちろん、そうした着実な伸びも大事です）

でも、あるきっかけで**「一気にかけ上がる」**ことがたくさんあることを知っておきたいのです。これは、スポーツでも勉強でも共通していることのようです。きっかけを上手に意図的に仕掛けることはあっていいとは思います。しかし焦りはかえって意欲を削いでしまいます。「一気にかけ上がる」時が必ず来るという暗示（子ども・大人共に）を大事にしつつ、**時を見定めて待つ**ことも、大切にしたいのです。

子育ちとは、たいへんストレスのたまる仕事かもしれません。しかし、自分（大人）も成長へ導いてくれる魅力的なものでもあるということを忘れたくないですね。

がんばり表に○×、シールやバッチを与えたりします。
初めは、子どもたちが喜んでいたように思えるのですが、
次第に効果が薄れてきてます。
どうしてでしょうか。

Answer 36

知的好奇心をくすぐらないからです。

メッセージ

子育てにとって賞罰（ほめる、たたえる……しかる、突き放す……）は、かなり難しい問題の一つです。

ほめる時は、感動を持って、真実に裏打ちされた言葉でということが重要です。形式的な賞賛やものでつる指導は長続きしません。同じように子どもを誘導するための口先だけの賛辞は、初めは通用することはあっても、学年が進むにつれて、子どもたちに見抜かれ、意欲を削ぎかねません。力強く心をこめた賞賛が必要です。そのために、子どもたちをよく知ることがとても大切になります。

がんばり表やシールについては、あまりお勧めできません。どうしてもなさるなら、期間限定にされる方がいいように思います。それよりも子どもたちのやる気を引き出す重要なポイントは、知的好奇心をくすぐる事です。

1、自然の中に連れ出し、遊ばせる、学ばせることを大切にしたいです。

2、具体的で本質的（深い学びへ導き、人間的成長へと繋がる）な問いかけをたくさん蓄えます。自然や社会、人間や家族、学校やなかま、学習や実験や観察への興味関心を広げるのです。

①モスラは、蛾ですか、蝶ですか。
②県名と県庁所在地名の同じ県と違う県があります。なぜだと思いますか。
③ちょうちょが3匹、消しゴムが2個、合わせていくつですか。
④大きなかぶ、題は『大きなかぶ』なのに、おじいさんは、はじめに「あまいあまいかぶになれ」と言っています。そのことから、どんなおじいさんだということが分かりますか。

もちろん、こうした問いかけは、学年や発達段階に応じたもので。

３、様々なジャンルから、題材を探し、つづったり、描いたり、作ってみることも大事ですね。

４、大人も自らの知的好奇心を育み、子どもたちに情報を発信することも大切です。「先生、きのう運動場ですごいこと発見してんで。ブランコの横に」「おとうさんが今読んでる本な、びっくりする程おもしろいねん。沈まぬ太陽っていうねんけどな」「この新聞見てみ。スイスの事故の事やねんけど、スイスってどこか分かる。地球儀もっておいで」　といった具合です。

５、五感を働かせる場面をふんだんに。
またここにもどってしまいました。

ある小学校では、修学旅行では考えられない場所へ行きます。

さて、どんな所でしょうか。

Answer 37

〈ヨリタという歯医者さん〉なのです。

メッセージ

三重県の伊賀市の柘植小学校では、修学旅行で大阪に行きます。その時ヨリタ歯科医院で講話を聞いたり、体験学習をするそうです。キャリア教育（夢を育み、生きて働く力を獲得し、未来を切り開く教育）の一つだそうです。

行列のできるちょっと有名な歯医者さんなのです。黒川昌吉校長先生から、その話を聞いて、家に帰り早速、ネットで検索してみました。〈ヨリタ歯科〉なかなかに面白い。

僕は歯が大変悪く、いい歯医者さんをさがしていた、そんなおりのヨリタ歯科の情報。奈良市に住んでいますし、最寄り駅が普通電車しか止まらないということもあり、一時間近くかかることが躊躇をさせました。しかし、何とも素敵な出会いを予感して、予約電話をいれる事にしました。まずは、受付の女性の明るく爽やかな対応に一週間後が楽しみになりました。

多くの皆さんがおそらくそうでしょうが子どもの頃から歯医者が大嫌いでした。そんな僕が歯医者へ行くことが楽しみになる、実に不思議な感覚でした。

近鉄河内花園駅を下りると、昭和を思い出させる道幅の狭い商店街を通り抜け、ビルの二階ヨリタ歯科受付へ。

それほど大きくはない受付、待合室。しかし笑顔と工夫にあふれた空間（色合い、香り、展示物）でした。加えて職員の皆さんの、それぞれの職種ごとのコスチュームにも目を奪われました。そして待合室には、50名を越える職員の笑顔いっぱいの写真。職種紹介には、スマイルクリエーター（受付専属スタッフ）、スマイルサポーター（クリーニングスタッフ）との表記になるほどと感心しました。院長の寄田幸司先生は、ご自身のことを、ドクターという表記以外にも、その著書の中ではワクワクプランナーとかスマイルマスターというように呼び方も使っていらっしゃいます。

僕は子育ちの一つの大きな条件として、「笑顔」ということをよく考えてきました。もちろんいじめや戦争のことを学び合うときに笑顔は禁物です。しかし、日々人を大事にすることを感じてほしいのであれば、笑顔で子どもたちと接することは欠かすことができないと思います。

ヨリタ歯科で、まずはその笑顔の多さと質に共感を覚えたのでした。

Question 38

この行列のできる歯医者さんでは、ある宣言が掲げられています。どんな宣言でしょうか?

Answer 38

ディズニーランド宣言。

メッセージ

この歯医者さんでは、職員研修でディズニーリゾートへ行き、学んだ上で、「ディズニーランド宣言」を掲げているのです。その宣言を余す事なく紹介をします。

ディズニーリゾートは
1日来場者5万人　リピート率98%

ワクワク楽しい歯科医院に訪れる
1日来院者（メンテナンス患者）は50人
リピート率98%
そんな医院が全国で1000件出来れば
1日来場者は5万人、
ディズニーリゾートと肩を並べることが出来ます。

だから私たちの
ライバルはディズニーリゾート。
少しでも近づくため2010年ディズニー研修で学んだことを「ディズニーランド宣言」として高らかに謳います。

①私たちは、夢と希望にあふれるワクワク楽しい歯科医院を創るためオーディションで選ばれたキャスト。だからこそ職場を愛し、個々に与えられた役割を演じることに誇りを持ちます。

②私たちキャストは、最高の舞台を演出するためメンバー同士協力し合います。共に強い絆で結ばれ、尊敬しあう仲間です。

③私たちキャストは、職場が舞台です。そして毎日が初演。お越しになるゲスト（患者様）の皆様に愛と感動を与えるため、心からの笑顔でお迎えします。

④私たちキャストは、例え待ち時間があってもゲストを退屈させることはありません。エントランス（待合室）には楽しいパンフレット、ポスターやスライドショーがあります。パーク（診療室）内にはスマイル・アンド・コミュニケーションがあふれています。

⑤私たちキャストが演じる舞台（診察室のみならず、洗面台、トイレを含めた医院全体）はいつも清潔に保ちます。大道具、小道具（機械・器具）はいつも整理され、小物（材料）はきちんと整理整頓します。

⑥私たちキャストは、いつもスポットライトを浴び輝いています。そのためせりふ（説明）やジェスチャー（案内）は、ゆったり、大きく、そして華やかにします。私たちは、自信に満ちあふれています。

⑦私たちは、キャストが身に纏うコスチューム（舞台衣装）はいつも清潔で全く乱れがありません。頭の先からつま先まで役（医療人）に徹した身だしなみ、メイクをします。

この宣言を、すべて子育ちにあてはめるというのでは、決してありません。しかしながら、実に興味深い宣言だと思うのです。笑顔の質を高めているのも、こうした宣言に裏打ちされてのことのような気がします。

最低最悪の練習って、どんな練習だと思いますか？

Answer 39

球拾い、かけ声、素振り、

エピソード

お盆休みに家族で、シルクドソレイユの「クーザ」を観てきました。数日後、関西のテレビ局のキャスターが「すごいサーカス」と表現していたのに、少しムッとしました。確かに「サーカス」と表す方が、多くの人に伝わることは、まちがいありません。シルクドソレイユは、そのストーリー性・芸術性の確かさ、音楽や舞台装置の豊かさ、世界のどこでも通用する笑い、そしてこれまでに見たことのないアクロバティックなパフォーマンス。「サーカス」と呼ぶには、あまりにクオリティが高いのです。調べてみますと、これまでのサーカスの最低の要素を書き出し、そのすべてにおいて全く反対のことを追究してきたのだそうです。

時を同じくして、ソフトテニス部の合宿があるので、どんな指導をしようかと考えていました。思いついたのが、僕が経験した最低最悪の練習を子どもたちに考えさせてみようということでした。最高の練習方法は、様々に工夫をこらしたゲーム（試合）だと思ってい

無計画トレーニング。

るのですが。

合宿の一日目。子どもたちを二つのグループに分け、練習内容を考えさせます。1時間30分の時間を自由に使っての練習です。真夏のことですから、休憩や水分補給は充分にとるよう指示しておきました。その後いっさい助言も指導もしません。今回はそうした練習の前に、子どもたちにこう問いかけました。「最低最悪の練習って、どんな練習だと思う?」

「僕の高一の時の練習。球拾い、その間はずっとファイトファイトって声を出すの。そして素振りね。トレーニングも、今だったら、やったらよくないと言われているトレーニングも、よくやらされたんやで。僕の学年は中学校の時、奈良県で2位3位の子や、奈良市のチャンピオンのペアなど、ものすごくうまい子がたくさんいたのに、ボールは一度も打たせてもらえなかった」。そして、最後に「考える時間をあげるから、最高の練習を考えてやってごらん」と話を結びました。

シルクドソレイユに学んだ夏、最低・最悪の子育ち・学校を考えずにはおられなかったのは、当然のことでした。

幼稚園（保育園）、小学校、中学校……と
年齢があがるほど
レベルが下がるものってなんでしょう？

Answer 40

掲示物、

エピソード

この問題は、学校の先生に対して提起しているのではありません。このメッセージからくみ取ってもらいたいことは、**子育ち全般にわたる教訓**です。是非丁寧にお読み下さい。

去年の秋のことでした。ある幼稚園の園内研修に助言者として呼ばれました。朝8時半から11時過ぎまで保育を見せていただきました。午後は先生方の研究協議があって、最後に指導助言をするわけです。小学校や中学校の授業研究ですと、一単位時間（40～50分）の公開になるのですが、幼稚園では2時間30分ほどの公開です。ですから指導計画もA3の用紙にびっしりと書かれたものです。

9時半ごろまでは、個々が選んだ運動遊び。園庭での自由保育の時間です。まずは**場の設定**が素晴らしい。自然と動きたくなるよう、遊具を配置したり、白線を引いたりします。先生と子どもたちが一緒に。園庭の様々な場所で、のびのびと遊びます。先生はどうしているか。体全体を研ぎ澄まして、子どもの活動を見守り、自らも動き、言葉をかけるのです。その表情、しぐさ、雰囲気が実にいいのです。

10時前からは、教室で設定保育。教室に入るやいなや、その掲示物や児童の作品展示に感激します。秋一色。**立体感・季節感**にあふれ、何とも言えぬ居心地の良さ・ぬくもりを感じます。

環境整備、

棚には、どんぐり、松ぼっくり、かりん、数珠玉……20種類以上の秋の実りがふんだんに用意されています。自ずと作品も立体的になるのがわかります。癒しを持たらすと共に、**意欲的にする空間**です。

この園では、食をテーマに実践・研究を進めておられます。大変興味深く、その取り組みを見せてもらいました。もちろん、「食」に関する絵本も上手に配置されています。

食に関する指導の一場面。「今日の朝、何食べてきたの?」。例えば「パン」と言う子どもには、「どういうふうに食べたの?」「たまごサラダといっしょに」との答えには、「たまごサラダには、どんなものが入ってた?」と具体的に問いを返してやり、朝食のイメージを深めていかれます。

そんなやり取りにつづいて『やさいのせなか』という一冊の絵本を取り出します。野菜の上面に絵の具を塗り、版画風に写しとった絵が示され、その野菜の名前を当てる構成になっています。「めっちゃむずかしいねん。今日のクイズ。だからね、今日はね、ヒントを出すね」と十種類ぐらいの野菜の名前をあらかじめ言っておきます。我々大人が見ても、少し難しい。それだけに、ヒントがうまく効いて、子どもたちは意見がいいやすかったようです。

Answer 40

場の設定、

後ろで見ている我々も引き込まれました。教材(絵本)の選定がうまいのです。子どもたちを上手に巻き込んでいくテクニックにも感心します。助言者として呼ばれたものの、一番得をしたのは僕かなと思ったものです。

幼稚園教育に強く魅力を感じられるようになったのは、27～8年ほど前、大和高田市の土庫小学校での、ある出会いからでした。新任から3、4年がたち、少し学級経営とか授業に慣れ始めた頃だったと思います。高田市では、幼稚園が小学校の附属園として併設され、小学校の校長が園長を兼務していました。園長のかわりに実質的に管理運営を担当する主任さんがいらっしゃいました。

ある時、その主任さんが「大久保君、おかしいと思わへんか」と切り出したのです。何ごとかと聞くと、「歓送迎会、職員旅行もみんな同じ職場の一員として私たち参加してるよね。小学校で研究授業あったら、私ら交代で必ず授業見せてもらってるよね。でも、幼稚園で公開保育をすると、小学校からはほとんど来ない。これっておかしくない?」とのことでした。もっともだと感じ、以後、幼稚園の公開保育には必ず顔を出すようになったのです。

学ぶ姿勢……

当初は、保育を見せてもらっても、その素晴らしさがすぐわかる程、僕には力がありませんでした。でも幸いにして、主任さんが保育の技術や、場の設定、環境や掲示物について、解説をしてくださいました。そのおかげで、先生方の保育からどのように学んだらいいのかということが、少しずつ身に着いたように思います。

今でも、幼稚園（保育園）の先生は謙虚で上手に小中学校の教育から学ぶのに、どうも小中の先生は幼稚園教育から学ぶのが上手ではないように思うのです。幼稚園の研究発表会、実践発表会などには、小中学校の教員の姿がずいぶんと少ないということがその事を見事に物語っています。学び方の質が問われていると思います。

人々との絆で、夢や展望をつむぎ合いたいですね。

エピローグ

僕は、「風の谷のナウシカ」や「もののけ姫」など宮崎アニメを、かなりの時間をかけて、授業の中で子どもたちと共に学んできました。また、「映画と人権」というテーマで講演する時にも、必ず宮崎アニメの素晴らしさにも言及してきました。宮崎アニメの暗号という本の紹介などもしてきました。

２０１１年秋、念願が叶って三鷹の森ジブリ美術館に行ってきました。東京吉祥寺で小学校の同窓会があり、それにあわせてチケットを入手してのことでした。三鷹・吉祥寺というのは、僕が生まれ育ち、中学校二年まで暮らした土地でした。故郷の地に誕生したジブリ美術館には、かなり以前から、是非行きたいと願っていたのです。

子どものための美術館という触れ込みに、強く興味を引かれました。トトロの受付、迷路のような創り。迷子になって下さいというキャッチフレーズにも心を躍らせました。ジブリ映画が、決して子どもたちだけの物ではない、むしろ大人が観る作品ばかりだと感じていた僕には、ジブリ美術館も、大人にとっても、魅惑的な空間に違いないと思っての訪問でした。

予想にたがわず、実になつかしさあふれる素晴らしい世界でした。酔いしれました。よき武蔵野の面影をそのままに、自然と芸術と子ども性を調和させた新しい贈り物に、ハイテンションになっている自分を抑えることができませんでした。

おもしろくて、心がやわらかくなる美術館
いろんなものを発見できる美術館
キチンととした考えがつらぬかれている美術館
楽しみたい人は楽しめ、考えたい人は考えられ、
感じたい人は感じられる美術館
そして、入った時より、
出る時ちょっぴり心が豊かになってしまう美術館！

ジブリ美術館パンフレットより

僕は、教師です。思わず、美術館のかわりに＜学校・教室＞ということばを入れてみました。

おもしろくて、心がやわらかくなる学校・教室
いろんなものを発見できる学校・教室
キチンととした考えがつらぬかれている学校・教室
楽しみたい人は楽しめ、考えたい人は考えられ、
感じたい人は感じられる学校・教室
そして、入った時より、
出る時ちょっぴり心が豊かになってしまう学校・教室

生涯忘れえぬ一時でした。より多くの人々との共感を願いながら、同窓会会場に向かった次第です。

ちょっと素敵な「**再会の時**」に向かって。

大久保幸一　おおくぼ・こういち

1952年　東京に生まれる
1975年　同志社大学文学部卒業
1979年　奈同教大会特別報告。以来、講演依頼を毎年受ける
退職までの31年間、毎年公開授業研究（国、算、理、道、体）
保幼小中高の授業研究、実践報告の指導助言に招かれる
2007年　大和郡山市人権施策課指導主事。
企業、PTA、地域の各種団体から年間60回を超える講演依頼
2010年　大和郡山市矢田小学校教頭を最後に退職
主な講演テーマに「ディズニーランドと子育ち」
「映画と人権～『男はつらいよ』から『もののけ姫』の世界まで～」
「生活つづり方でつなぐ」「自然と子どもたち」
「学級崩壊への提言」「スポーツと人権」「キャリア教育の未来へ」
「幼児教育と夢づくり」

DVD　『文章力の授業が変わる』／RealStyle
共著　『いのちが深く出会うとき』／社会評論社
『文学の読みと人権教育』／大阪府・市・奈良、三同研編
絵本　『しんたろうのノート』遊絲社

1998年より、ソフトテニスクラブ「ニューウィンズ」監督
素振り無し、トレーニング無し、暴言体罰はもちろん無しで
近畿大会3連覇をはじめ全国大会で6回の優勝

e-mail　nw51nw51@gmail.com
生命の重たさをつづる→大久保HP→無料教材→メールマガジン

山内大童　やまうち・たいどう

1953年　東京に生まれる
1971年　4月、関西学院大学法学部に入学。在学中、油絵で公募展に入選を重ねる
1977年　12月、奈良商工観光会館で初めて個展を開く
1991年　12月、雅号を「大童」とする。以降、日本各地で個展を中心に活動をはじめる
1995年　3月、カリフォルニア州ラグナビーチで個展／『FACT CONTEMPORARY EXHIBITION SPACE』
3～5月、「ロマントピア藤原京」に出品。毎日新聞西部事業団主催チャリティーに以降毎年出品
1997年　3月、ニューヨークで個展／『CAST IRON GALLERY』
読売新聞主催チャリティー「名士名流作品展」に以降毎年出品
2001年　1月、毎日放送主催MBSギャラリーで個展
2005年　2月～6月、岐阜県高山市、光記念館にて個展
著書『天のうた地のうた童のうた』／十誇
『夢開花』／光村推古書院『みんな大きな円のなか』／春陽堂書店
『ようちえんにいきたいな』辻子はな共著／文芸社

URL　http://www.geocities.jp/jtmjf160/index.html

子育ち　頭の体操
2012年8月20日　初版第一刷　発行

著　者　　大久保幸一
発行者　　和田佐知子
発行所　　株式会社 春陽堂書店
〒103-0027 東京都中央区日本橋3-4-16
電話　03-3815-1666
URL　http://www.shun-yo-do.co.jp

デザイン　　山口桃志
印刷製本　　ラン印刷社

乱丁本、落丁本はお取替えいたします。
ISBN978-4-394-90290-4　C0095